Liedtke · Indianersprachen

Stefan Liedtke

Indianersprachen
Sprachvergleich und Klassifizierung

Eine ethnolinguistische Einführung
in die Grundlagen und Methoden

HELMUT BUSKE VERLAG HAMBURG

Im Digitaldruck »on demand« hergestelltes, inhaltlich mit der ursprünglichen Ausgabe identisches Exemplar. Wir bitten um Verständnis für un-
vermeidliche Abweichungen in der Ausstattung, die der Einzelfertigung
geschuldet sind. Weitere Informationen unter: www.buske.de/bod.

Bibliographische Information der Deutschen Nationalbibliothek

Die Deutsche Nationalbibliothek verzeichnet diese Publikation
in der Deutschen Nationalbibliographie; detaillierte bibliographische
Daten sind im Internet über ⟨http://portal.dnb.de⟩ abrufbar.
ISBN 978-3-87548-019-1

Inhaltsverzeichnis

Abkürzungen

AG	Agentiv-Kasus
AnL	Anthropological Linguistics (Bloomington, Ind.)
AmA	American Anthropologist (Menasha, Wisc.)
Ayac.	Ayacucho Quechua
BAE-R	Bureau of American Ethnology, Annual Report (Washington, D.C.)
Boliv.	Bolivianisches Quechua
Bsp.	Beispiel
Bull.	Bulletin
bzw.	beziehungsweise
CA	Current Anthropology
CAUS	Kausativ-Kasus
Chon.	Chontal (Maya-Varietät)
CIN	Classical Nahuatl, klassisches Aztekisch
Cochab.	Cochabamba
(C)VCVC	C = Konsonant, V = Vokal; (C)VCVC usw.: = entsprechende Lautfolgen
dim(in.)	Diminutiv
ds.	dasselbe
Ed.	editor
ed.	edited (herausgegeben) oder Edition
Ecuad.	Ecuadorianisches Quechua (Quichua)
enz.	Enzisch, samojedische Sprache
engl.	Englisch
ewenk.	Ewenkisch, tungusische Sprache
frz.	Französisch
GEN	Genitiv-Kasus
gen.	general
gold.	Goldisch (Nanai), tungusische Sprache
HMAI	Handbook of Middle American Indians. Rob. Wauchope, General Editor, Norman A. McQuown ed. of Vol. 5, Linguistics (Austin).
Hrsg.	Herausgeber
Hua.	Huastekisch (Maya-Varietät)
IF	Indogermanische Forschungen (Berlin)
idg.	indogermanisch
IJAL	International Journal of American Linguistics (Baltimore)
Imbab.	Imbabura Quechua

intr.	intransitiv
Jac.	Jakaltekisch (Maya-Varietät)
Kap.	Kapitel
Korean.	Koreanisch
lat.	lateinisch
Lg	Language, Journal of the Linguistic Society of America (Baltimore)
masc.	maskulin
mong.	mongolisch
MSFOu	Mémoires de la Société Finno-ougrienne (Helsinki)
nenz.	Nenzisch, samojedische Sprache
nganass.	Nganassanisch, samojedische Sprache
o.J.	ohne Jahrgang
o.S.	ohne Seitenangabe
PAES	Publications of the American Ethnological Society (Seattle and Leiden)
PAPhiloS	Proceedings of the American Philosophical Society (Philadelphia)
PAPS	PAPhiloS
PICAm [3, etc.]	Proceedings of the [3rd, etc.] International Congress of Americanists
pl.	Plural
pM.	Proto-Maya (rekonstruierte Urformen)
Proc.	Proceedings
Qu.	Quechua. Oder: Quiché (Maya-Varietät). Aus dem Zusammenhang eindeutig erschließbar
rdp.	redupliziert
s.	siehe
S.	Seite
SE	Südost
selkup.	selkupisch, samojedische Sprache
SIL	Studies in Linguistics (Buffalo, N.Y.)
SJA	Southwestern Journal of Anthropology (Albuquerque, N. M.)
SPC	Varietät des Tarma-Quechua
SW	Südwest
Tar.	Tarasco
Toj.	Tojolabal (Maya-Varietät)
tr.	transitiv
Trans.	Transactions
Tze.	Tzeltal (Maya-Varietät)

UCPL	University of California Publications in Linguistics (Berkeley + Los Angeles)
UCPAAE	University of California Publications in American Archaeology and Ethnology (Berkeley + Los Angeles)
V	Vokal (s. C)
vgl.	vergleiche
Vol.	volume, Band
vs.	versus, im Gegensatz zu, im Verhältnis zu
Yuc.	Yukatekisch (Maya-Varietät)
Zap	Zapotekisch

Zeichen

ʔ	glottal stop (Kehlkopfverschluß)
C'	glottalisierter Konsonant
[ ]	phonetische Wiedergabe
/ /	phonologische (phonemische) Wiedergabe
*	rekonstruierte bzw. erschlossene (nicht belegte) Form
~	wechselt mit
>	wird zu
<	entstanden aus

Vorwort

Diese Arbeit ist eine methodenkritische Besprechung des Sprachvergleichs auf dem Gebiet der Indianersprachen. Sie wurde Ende 1990 fertiggestellt und ist eine völlig überarbeitete und aktualisierte Version meiner Abschlußarbeit im Fach Völkerkunde vom September 1987, die von Professor Laubscher (München) als Haupt- und Professor Sasse (jetzt Köln) als Korreferent betreut wurde.

Durch seither erschienene Veröffentlichungen hat der Untersuchungsgegenstand neue Aktualität bekommen. Weitreichender Sprachvergleich steht wieder im Mittelpunkt des Interesses. Unter Linguisten werden neue Theorien zur Verwandtschaft der Indianersprachen äußerst kontrovers diskutiert, weshalb eine Veröffentlichung dieser Arbeit zum jetzigen Zeitpunkt umso gebotener erscheint.

Ich möchte mich zunächst bei allen bedanken, die in verschiedenster Hinsicht, auf die eine oder andere Weise zum Gelingen dieser Arbeit beigetragen haben, sei es durch Aufmunterung, interessierte Teilnahme oder fachliche Diskussion und Anregungen. Besonders herzlicher Dank gilt Herrn Prof. Matthias Laubscher und Herrn Prof. Hans-Jürgen Sasse, die diese Arbeit begleitet und gefördert haben sowie Herrn Dr. Klaus Schubert. Herrn Dr. Hartwig Latocha sowie José de Argumedo Medina aus Ayacucho/Peru verdanke ich die Grundlagen meiner Quechua-Kenntnisse.

Vor allem aber hätte ich dieses Vorhaben ohne die finanzielle und seelische Unterstützung für diese "brotlose Kunst", ohne die Geduld und das Verständnis seitens meiner Eltern und Verwandten und meiner Familie nie verwirklichen können. Allen Beteiligten nochmals herzlichen Dank.

Für Fehler und Mängel in dieser Arbeit bin ich natürlich selbst verantwortlich.

Einleitung

Die vorliegende Arbeit steht im Rahmen der Ethnolinguistik, die einen integrativen Ansatz in den Sozialwissenschaften darstellt (Olmsted 1950:11). Hier wird vorrangig versucht, Ethnologen die in unserem Untersuchungsgebiet wichtigen Ansätze der Linguistik ausschnittsweise vorzustellen. Aber die Arbeit will auch Linguisten Einblick in die relevanten ethnologischen Ansätze und Ergebnisse geben.

Sprachvergleich ist für Ethnologen nicht so sehr um der Sache selbst willen interessant, sondern weil dadurch andere kulturhistorische Aspekte beleuchtet werden (Greenberg 1953:283). Neben dem Erkenntniswert der Tatsache der Verwandtschaft vermitteln uns linguistische Techniken oft dar überhinausgehende Hinweise auf das "wann" und "wo" (Diebold 1960:1), aber auch das "wie" solcher Beziehungen. Somit steht der Ethnologie ein wirksames Werkzeug kulturhistorischer Rekonstruktion zur Verfügung.

Außerdem ermöglicht Sprachvergleich genetische Klassifikation und Subklassifikation. Diese liefern dringend gebotene Daten für die deskriptive Ethnographie (Diebold 1960:1). Kroeber (1941:288) bezeichnet in diesem Zusammenhang linguistische Klassifikation allgemein als die vielleicht klarste und nützlichste Klassifikation überhaupt.

Darüberhinaus bedeutet Sprachvergleich und Klassifikation, wie Büttner (1983:5) ausführt, keineswegs nur die Erforschung genetischer Verwandtschaft, sondern auch von Beziehungen typologischer und arealer Art.

Um ein möglichst breites Feld zwischensprachlicher Beziehungen untersuchen zu können, ist es zweckmäßig, sich nicht nur auf eine einzige Klassifikationsmethode zu beschränken.

> *"The comparative ethnologist is likely to want most from linguists their findings as to speech relationship. Linguistic classification has obvious import in the historical aspects of any cultural situation." (Kroeber 1941:289)*

Gerade Ethnologen mit ihren historischen, aber auch soziologischen und allgemein anthropologischen Fragestellungen sollten sich darüber im klaren sein, um welche Art des Vergleichs es sich handelt. Sollen ethnologische Schlußfolgerungen auf solider Grundlage stehen, müssen diese Arten des Vergleichs genau beurteilt und jede auf ihre völkerkundliche Relevanz geprüft werden können.

Deshalb bildet ein Überblick über Aspekte genetischer, arealer und typologischer Methoden das Gerüst dieser Arbeit.

Drei Stränge ziehen sich durch diese Arbeit: Was die Grundlagen betrifft, sollen zum einen die historischen Entwicklungen der Ansätze aufgezeigt, zum zweiten die Ansätze selbst vorgestellt werden. Drittens werden schließlich die Methoden genannt, aber im allgemeinen nicht detailliert vorgestellt.

Statt dessen erfolgt eine schwerpunktmäßige Auswahl nach dem Gesichtspunkt, welche linguistischen Ansätze für die Ethnologie besonders interessant sind, bzw. womit Ethnologen häufiger konfrontiert werden, zum Beispiel die so griffig erscheinenden Ergebnisse der Lexikostatistik und der Glottochronologie.

Der Ethnologe, der unhinterfragt die in der linguistischen Fachwelt umstrittenen Ergebnisse in seine Forschung übernimmt, erschwert sich seine Arbeit unnötigerweise. Andererseits bedauern es Linguisten oft, daß viele Ethnologen zu wenig Kenntnisse von linguistischen Fragestellungen besitzen. Dieses Buch will dem Ethnologen das benötigte Grundwissen an die Hand geben.

Ein weiteres wichtiges Anliegen ist es wenn auch nicht immer explizit, so doch implizit Problembereiche anhand von Fallbeispielen zu nennen, zu denen die Ethnologie selbst ihre Kenntnisse beisteuern kann.

> "On the whole, it is evident that of the two disciplines ethnology is the one which is dependent on linguistics. But...now and then it is the linguist who can profit by what the anthropologist can tender him." (Kroeber 1941:291)

Dies ist vor allem der Fall bei der Wellentheorie (5.1.5.1.), der Wörter- und Sachen-Methode (5.6.) und bei der Korrelation von Sprach- und Kulturarealen (6.4.).

Diese Arbeit setzt den Akzent auf interdisziplinär interessante Aspekte der Probleme. Insofern hat sie vor allem für Ethnologen, aber auch Linguisten und Forscher verwandter Disziplinen Einführungscharakter.

Die schwerpunktmäßige Auswahl hat den Nachteil, daß manche Punkte nur kurz angesprochen werden. In der zitierten Literatur findet sich jedoch mühelos Weiterführendes. Ich möchte vermeiden, daß der Leser bei diesem breiten thematischen Ansatz den Überblick verliert. Die teilweise Unvollständigkeit wird dadurch sicher etwas kompensiert. Andererseits ist vieles, was in der Linguistik selbstverständlich ist, hier etwas breiter erklärt. Dies ist im Hinblick auf die Zielsetzung dieser Arbeit sinnvoll. Um die Darstellung nicht mit Theorie zu überfrachten, finden sich ab und zu Beispiele, an denen Besonderheiten wie Mängel der Ansätze veranschaulicht werden.

1. Die Entwicklung der morphologischen Typologie und die typologische Einordnung der Indianersprachen

1.1. Einführung

Zu Beginn der Darstellung soll kurz auf die Geschichte allgemeiner typologischer Klassifikation eingegangen werden, um zu zeigen, wie die Indianersprachen als Ganzes in dieses Schema eingeordnet wurden. Diese anfängliche pauschale Charakterisierung hatte, wie wir später sehen werden (2.2., 2.3.), Rückwirkungen auf die Ansichten über die interne Gliederung dieser Sprachen.

Außerdem bildet eine historische Einführung die Grundlage und das Vorverständnis für unser Kapitel 8, in dem neuere Ansätze bei der typologischen Klassifikation der Indianersprachen behandelt werden.

1.2. Die typologische Klassifikation als essentielle Klassifikation

Bei dem Bestreben, die Sprachen der Welt nach ihrem strukturellen Bau in leicht voneinander unterscheidbare Gruppen zu gliedern, stellt sich die Frage nach Merkmalen, die für die Aufstellung entsprechender Typen maßgebend sein sollen.

So gesehen ist eine typologische Klassifikation immer eine essentielle Klassifikation im Sinne Koerners (1975) und steht im Gegensatz zu empirischer Klassifikation:

> "The distinction between essential and empirical classification is based on the assumption that the former rests on a priori ideas as to what is important, whereas the latter rests on observation alone." (Koerner 1975:692)

Es existieren verschiedene Einteilungskriterien, denen unterschiedliche Bedeutung bzw. unterschiedlicher Erkenntniswert beigemessen wird. So wäre eine Einteilung, die allein auf einer Bestimmungsgröße beruht (z.B. dem Vokalbestand einer Sprache), weniger aussagekräftig als eine, die auf möglichst vielen Kriterien (Wortstellung, Art und Umfang morphologischer Markierung: Kasus, Numerus, Genus etc., vgl. Brettschneider 1980:2) beruht. Die Grundlage für die typologische Klassifizierung der Sprachen war zunächst ihr Formenbestand. Schleicher (1859:211) stellte fest, daß die Wortstruktur von zentraler Bedeutung ist für den Versuch, Sprachen typologisch zu charakterisieren. Insgesamt war die Auswahl der komparativen typologischen Bestimmungsgrößen und somit die frühen Versuche, Sprachen aufgrund ihrer typischen morphologischen Erscheinungen zu klassifizieren, im Grunde arbiträr und intuitiv (vgl. Greenberg 1973:167, Anttila 1972:310).

1.3. Historischer Überblick über die typologische Klassifikation

Friedrich von Schlegel veröffentlichte 1808 seine Arbeit "Über die Sprache und Weisheit der Indier". Er schlug eine zweifache Einteilung vor: Erstens Sprachen mit Affixen, zweitens Sprachen mit Flexion (1808:211). August Wilhelm von Schlegel erweiterte dieses Schema (1818:559) um einen dritten Punkt, so daß das Schema folgendermaßen aussah:

1. Sprachen ohne grammatische Struktur, d.h. ohne Formelemente. Diese entsprechen in moderner Terminologie den isolierenden Sprachen.

2. Sprachen mit selbstständigen Formelementen (Affixen) ohne Veränderung des Stammes. In moderner Terminologie: agglutinierende Sprachen.

3. Sprachen mit Formelementen, die sich innerlich durch Veränderung der Wurzel und äußerlich durch Verschmelzung besonderer Endungen mit dem Stamm manifestieren: Die flektierenden Sprachen.

Zusätzlich führte August Wilhelm v. Schlegel eine weitere Unterscheidung ein, was die flektierenden Sprachen betraf. Ausgehend von der Beobachtung, daß moderne indogermanische Sprachen Verlust von Flexionsendungen zeigten, die bei den älteren Sprachen erhalten waren, charakterisierte er die jüngere Entwicklung als analytisch, die ältere als synthetisch.

Schleicher (1861/62) führte diese Unterteilung für die agglutinierenden Sprachen ein. Danach können die Beziehungen im Satz durch Formen der Wörter (synthetisch) oder durch Partikeln (analytisch) ausgedrückt werden.

Wilhelm von Humboldt hatte in seinen Werken "Über den Ursprung der grammatischen Formen und ihren Einfluß auf die Ideenentwicklung" (1825) und "Über die Kawisprache auf der Insel Java" (1836) den von August Wilhelm v. Schlegel eingeführten Typen einen neuen hinzugefügt: den inkorporierenden Typus. Finck (1910) und Müller (1870) führten weitere Unterteilungen ein (siehe unten 1a,b und 3a,b; 2a,b).

Das Schema der typologischen Klassifikation sah nun vereinfacht folgendermaßen aus:

1. isolierende Sprachen
  a) wurzelisolierend
  b) stammisolierend
	2. agglutinierende Sprachen
	  a) synthetisch
	  b) analytisch
	  c) klassenpräfigierend

3. flektierende Sprachen
  a) wurzelflektierend
  b) stammflektierend
	4. inkorporierende Sprachen

1.3.1. Polysynthese und Inkorporation

Angelpunkt des Humboldtschen Systems war der Kontrast zwischen Isolation, Agglutination und Flexion (Humboldt 1836:114). Besonders der erste und der letzte Typus wurden als entgegengesetzte Pole aufgefaßt. Am einen Ende der typologischen Skala standen die als hochentwickelt bezeichneten flektierenden Sprachen und am anderen Ende die extrem isolierenden wie das Chinesische. Der agglutinierende Typus wurde nicht als eigenständig aufgefaßt, sondern als eine Art "Zwitterwesen" (1836:124–5) und wurde nur als Zwischenstufe bezeichnet.

Dieses dreifache System basiert primär auf dem Verhältnis der Wortform in Relation zum Ausdruck der grammatikalischen Beziehungen und Kategorien. Man konzentrierte sich auf die Anzahl der Formative pro Wort und auf die Transparenz der Grenzen zwischen den Formativen. Was die Struktur und Konstruktion des Satzes betrifft, wurde dieses Schema erweitert um einen vierten Typus, die inkorporierenden Sprachen. Diese Typencharakterisierung beruhte also auf syntaktischen Kriterien. Dieser vierte Typus wurde für die Indianersprachen eingeführt. Während die flektierenden Sprachen (z.B. das Sanskrit) die grammatischen Verhältnisse im Satz durch Wortformen ausdrückten, die isolierenden (z.B. Chinesisch) dies mit der Wortstellung oder durch die Anwesenheit von Funktionswörtern erreichten, ist bei den inkorporierenden Sprachen der grammatische Kern des Satzes in einem einzigen Wort enthalten (Robins 1973:17), durch die Einverleibung (Inkorporation) des nominalen oder pronominalen Objektes in das "Satzwort". Insofern ist eine inkorporierende Struktur in der Regel auch "polysynthetisch". Die meist in einem Atemzug genannten und häufig verwechselten beiden Begriffe auseinanderzuhalten ist sinnvoll, da sie nicht deckungsgleich sind. Whitney (1870) prägte den Terminus "polysynthetisch" für Fälle, in denen die Segmentierung (von Affixen mit konkretem semantischem Gehalt) besonders schwierig war. Bereits vorher waren ja die Termini "analytisch" und "synthetisch" in Bezug auf die Segmentabilität von Einheiten Gebrauch.

Duponceau (1819) gebrauchte für den indianischen Strukturtyp die Bezeichnung "polysynthetisch" und verwandte später daneben "inkorporierend", um die strukturellen Eigenschaften besser beschreiben zu können. Erläuterndes zu Polysynthese und Inkorporation (mit weiterführender Literatur) findet sich etwa bei Sapir (1911), Mithun (1983) und Sasse (1988).

1.4. Die mit den Typen verbundene Wertung

Die Bestimmungsgrößen für die morphologische Klassifikation wurden aufgefaßt als
äußere Symptome der "inneren Form" der Sprachen, die wiederum ein Audruck des
"Volksgeistes" der Menschen war, die die Sprache benutzten (vgl. Greenberg 1973:167).
Alle Sprachen wurden zwar als "vollendet" bezeichnet, aber nicht alle als "vollkommen". Da man in diesem Zusammenhang einem eurozentristischen Werturteil anhing,
sah man den flektierenden Typus als den höchststehenden an – er kam dem Idealtypus
am nächsten – andere Sprachen wurden sogar als "formlos" bezeichnet (Greenberg
1973:167–8; vgl. auch Lehmann 1969, 49–50).

Humboldt (1836) weist jeden historischen Entwicklungsgedanken in diesem Zusammenhang – also die Entwicklung "höherer" aus "niederen" Typen – zurück. Die verschiedenen Typen stehen bei ihm nebeneinander.

Aus einem Nebeneinander machte Schleicher (1850) wieder ein Nacheinander, jedoch
nicht im Sinne einer Wertung. Er sah die Sprache als Naturphänomen, ihren eigenen
Gesetzen gehorchend und ohne Zusammenhang zu einem "Volksgeist". Schleicher
entwarf ein zyklisches Modell der typologischen Entwicklung mit drei historischen
Stadien, wobei jeder neue Typus als aus dem vorangegangenen Stadium entwickelt
angesehen wurde. In diesem Zusammenhang wurden die isolierenden Sprachen charak-
terisiert als Sprachen, deren Sprecher in Familien organisiert waren, die agglutinierenden Sprachen als Sprachen, deren Sprecher eine nomadische Lebensweise hatten und
die flektierenden Sprachen als Sprachen, deren Sprecher in Staatswesen organisiert
waren. Parallel dazu entsprach der isolierende Typus dem Stadium der Geburt, der
agglutinierende Typus dem des Wachstums und der flektierende Typus dem des Al-
terns.

Müller (1861) entwickelte dieses Schema der Verbindung von Sprachtyp und kultureller
Entwicklungsstufe weiter im Sinne einer starken Wertung. Sein Interesse lag an der
"aufsteigenden Skala" der Sprachen. Der flektierende Typus wird als Produkt der
höchstentwickelten "politischen" oder "Staats"-Gesellschaft aufgefaßt (vgl.Girtler
1979:58).
Heute betrachtet die Sprachwissenschaft die Sprachtypen von einem egalitären und
relativistischen Standpunkt aus.

1.5. Kritik an der morphologischen Klassifikation

Mit Ausnahme der "Humboldtianer" Steinthal, Finck und Misteli verfolgte man die
traditionelle typologische Klassifikation mit zunehmend geringerem Interesse. Die Schu-

le der Junggrammatiker (vgl. 5.1.2.) sah wenig Nutzen im Vergleich unverwandter Sprachen. Von der Konzentration auf genetische Aspekte her war kein Platz für Klassifikationen, die Sprachen als Ganzes klassifizierten (Greenberg 1973:170). Ihr Bestreben war, auf der Basis des historischen Vergleichs eine echte Wissenschaft zu gründen, aufbauend auf rigorosen Methoden und Lautgesetzen, welche den in den Naturwissenschaften verwendeten adäquat sein sollten. Dies stand von vorneherein in einem gewissen Gegensatz zu dem "essentiellen" Ansatz der morphologischen Typologie. Es waren stets einige Ungereimtheiten zu spüren gewesen, was die Wertung der einzelnen Typen betraf. So war das Chinesische, das den primitivsten Typus repräsentieren sollte, eine Sprache mit alter Literatur und von hohem kulturellen Niveau.

Gabelentz (1891:252) hatte gezeigt, daß der isolierende Typus des Chinesischen aus historischer Sicht eine sekundäre Entwicklung ist, da sich Spuren von aus früheren Stadien stammenden Agglutinations- und Flexionserscheinungen fanden.

Schon früher hatte Whitney auf Schwächen der morphologischen Typologie hingewiesen, was die eindeutige Zuordnung zu einem einzigen, noch dazu mit einer Wertung versehenen Typus betraf:

> "loved from love is as good a preterite as led from lead or sang from sing."
> (Whitney 1870:362)

Was hiermit klar zum Ausdruck gebracht wurde, ist die Tatsache, daß das Englische – obwohl eine indogermanische Sprache, deren Idealtypus der flektierende war – neben Flexionserscheinungen auch agglutinierende Züge aufwies. In ähnlicher Weise verhält es sich mit den Untergliederungen analytisch und synthetisch: So ist z.B. das Verbalsystem im Russischen vorwiegend analytisch, im nahe verwandten Bulgarischen synthetisch. Im nominalen System gelten umgekehrte Verhältnisse. (Wendt 1961:200).

Die Bezeichnungen isolierend, agglutinierend, flektierend und polysynthetisch bilden eine impressionistische Etikettierung für die oberflächlich zu beobachtende Form der Wörter. Die meisten Sprachen stellen eine Mischform dieser Typen dar. Deshalb ist es fraglich, ob eine Klassifizierung nur auf dieser Basis nützlich ist.

Die Verbesserung der Einteilungskriterien war daher ein dringendes Gebot, um zu einem Klassifikationssystem zu gelangen, das die oben erwähnten Mängel weitgehend vermeidet. Diese Aufgabe wurde jedoch erst spät in Angriff genommen, wie wir weiter unten in Kapitel 8.2.8.4. erfahren werden.

2. Historischer Überblick über die ersten Klassifikationsversuche und über frühe methodische Ansätze beim Sprachvergleich

2.1. Einführung

Im Folgenden soll zunächst ein Überblick über die Forschungsgeschichte der ersten Klassifikationsversuche und der frühen methodischen Ansätze gegeben werden. Aus Gründen der Anschaulichkeit und der Übersichtlichkeit ist die Auswahl personell auf prägende Forscherpersönlichkeiten und inhaltlich auf Fälle beschränkt, anhand derer die wesentlichsten Punkte besprochen werden können.

Anhand der Beispiele sollen die verschiedenen Forschungsansätze und Lehrmeinungen deutlich gemacht werden. Dabei werden gewisse theoretische Grundlagen sichtbar, die die Geschichte der Klassifikationen prägten.

Der historische Überblick, der anfangs gegeben werden soll, erscheint als gutes Mittel der Einführung und als Mittel, die verschiedenen Strömungen aufzuzeigen. Deshalb wurde er auch von Bright (1984:11-15) Hoijer (1976), Haas (1969), Key (1979:22-28) gewählt. Zunächst führt uns die Betrachtung bis zur Klassifikation Powells, die allgemein als vorläufiger Höhepunkt der ersten Versuche, die Indianersprachen in ihrem Verhältnis untereinander zu sichten und einzuordnen, betrachtet wurde. Ein eigenes Kapitel kommt den Tendenzen zu, die nach Powell ins Spiel gebracht wurden und die uns dann mitten in die Problematik der Überprüfung, Sichtung und Verbesserung der verschiedenen methodischen Vorgehensweisen führen (Kap. 3).

2.2. Historischer Überblick

Was Südamerika betrifft, waren hauptsächlich von Missionaren relativ viele Manuskripte, Wörterbücher, Bibeltexte, Katechismen und Grammatiken veröffentlicht worden (die erste veröffentlichte Grammatik war die des peruanischen Quechua von Tomás 1560).

Aber obwohl Material schon im 16. Jahrhundert vorlag, wurden diese Sprachen erst zweihundert Jahre später klassifikatorisch behandelt und man begann, sie in Familien zusammenzufassen. So gruppierte etwa Tomás 1560 (vgl. Tovar 1961) die Sprachen Südamerikas nach "afinidades". Seine methodische Grundlage war die Vergleichung von Lauten auf der Grundlage von Wörterlisten (vgl. Key 1979:23). Balbi (1826) arbeitete zwar an einer Einteilung der Sprachen Südamerikas nach geographischen Gesichtspunkten, war aber daneben interessiert an der Arbeit mit vergleichenden Listen, die 26 Wörter aus dem Bereich des Grundwortschatzes umfassten (Key 1979:245).

Duponceau konstatierte (1819, 1838) zwar totale Unterschiede im Lexikon, wies aber auf die typologische Gleichartigkeit der indianischen Sprachen "von Grönland bis Kap Horn" hin, ähnlich wie es auch Pickering tat. Pickering brachte den Aspekt der engeren Zusammengehörigkeit von Sprachgruppen ins Spiel, wobei er von 34 Stämmen ("stocks") für Nordamerika sprach. Gallatin (1836, 1848) stellte fest, daß die amerikanischen Sprachen in Teilen ihrer Struktur Beziehungen zu außeramerikanischen Sprachen hatten. Er vertrat bereits die Auffassung, daß sie untereinander nicht so uniform waren wie ursprünglich angenommen. Latham, der wie Duponceau ebenfalls von der typologischen Uniformität ausging, machte auf Affinitäten im Lexikon aufmerksam, die vor dem Hintergrund der gleichartigen Struktur den definitiven Ausschlag zur Klassifikation geben sollten. Außerdem war er einer der ersten, die mit lexikostatistischen Ansätzen experimentierten (Landar 1977:188). Diese Tradition ist bis heute zu spüren: Das Schwergewicht liegt auf rein lexikalischem Vergleich, wobei häufig lexikostatistische Verfahren angewandt werden.

Mit Whitney (1870) kam ein neuer Aspekt in die Diskussion. Er plädierte mit Nachdruck für sichere Methoden des Vergleichs, insbesondere dafür, jede Sprache für sich zu studieren, erst die internen Verhältnisse und die Gesetze der Entwicklung zu untersuchen und ältere Formen zu rekonstruieren und erst dann weitere externe Verwandtschaftsbeziehungen zu erforschen. Er hatte nicht, wie viele seiner Vorläufer, das Vorurteil, daß schriftlose Sprachen nicht den gleichen strengen Methoden unterworfen werden konnten wie sie die Junggrammatiker bei den indogermanischen Sprachen anwandten. In gewisser Weise kann man ihn deshalb als einen Vorläufer Bloomfields (s. 5.1.2.) bezeichnen.

Wie Gallatin sah auch Trumbull (1876) keinen typologischen Zug der Indianersprachen, der speziell "amerikanisch" gewesen wäre. Methodisch wichtig (auf dem Hintergrund von lexikalischen Vergleichen, die auf falschen Segmentierungen beruhten) war vor allem seine Forderung nach "Analyse der Synthese", wodurch er zu einem Vorläufer der taxonomischen Linguistik wurde (Haas 1976:247). Allgemein plädierte er für die strenge Anwendung der historisch-vergleichenden Methode und empfahl als Grundlage, synchronische Studien und vergleichende Grammatiken anzufertigen. Ferner übte er Kritik am Wörterlistenansatz insofern, als er feststellte, daß für viele englische Begriffe kein semantisches Äquivalent auf der Seite der Indianersprachen vorhanden war und auch die andersartige grammatikalische Struktur oft eine klare Übersetzung durch ein englisches Wort der Liste verhinderte.

Hale (1883), der, wie Gatschet (1886), verlangte, mehr Gewicht auf die Grammatik zu legen, forderte als Kriterium für genetische Verwandtschaft, daß sowohl im Lexikon als auch in der Grammatik Anklänge vorhanden sein mußten.

Brinton (1901) und Powell (1891) wetteiferten um die endgültige Klassifikation. Brinton setzte den Akzent eher auf die Grammatik als Kriterium für Verwandtschaft, während Powell seine Klassifikation eher auf lexikalischen Ähnlichkeiten aufbaute. Brinton verlor den Wettlauf, da Powell umfangreicheres Material zur Verfügung stand. Trotzdem veröffentlichte Powell keine Evidenz für seine Vorschläge (seither leider eine Praxis mit langer Tradition), was auch damit zusammenhängen kann, daß seine Klassifikation mit 58 "stocks" sehr vorsichtig war und alles auseinanderhielt, was nicht sowieso offenkundig verwandt war, und darüberhinaus auch noch relativ nah verwandte Sprachen voneinander trennte. Die Heterogenität innerhalb jeweils einer Sprachfamilie erklärte er durch massive Entlehnungs- und Mischungsvorgänge, die auf der Absorption kleinerer Sprachen durch größere Gruppen beruhten (Haas 1976:252).

2.3. Die Bevorzugung des Lexikons gegenüber der Grammatik beim Sprachvergleich

1. Voraussetzung:

Warum anfangs – und auch später immer wieder – in erster Linie auf das Lexikon zurückgegriffen wurde und die Grammatik vernachlässigt wurde, wenn es um die Demonstration genetischer Verwandtschaftsbeziehungen ging, hatte zunächst in den meisten Fällen einen ganz handfesten Grund: Andere Informationen waren, aufgrund der Dürftigkeit des grammatikalischen Materials, oft nicht erreichbar. Deshalb herrschte die Beschäftigung mit lexikalischem Material vor, auf das zunächst das Augenmerk gerichtet war. Die Bevorzugung des Lexikons war das Ergebnis von Bedingungen, nicht das einer formulierten Theorie oder Methode (vgl. Kroeber 1913:389).

2. Voraussetzung:

Zudem wurde der Bereich der Grammatik mit dem der allgemeinen Typologie verwechselt. Diese Einschätzung verhinderte lange eine vergleichende Grammatikanalyse. Damit sind wir schon bei der zweiten Voraussetzung: Auch die Meinung, die davon ausging, daß der Strukturtypus der Indianersprachen mehr oder weniger uniform war (vgl. z.B. Duponceau 1883:89), führte dazu, vorwiegend oder ausschließlich die lexikalische Seite des Materials zur Untersuchung heranzuziehen. Somit wurde in deduktiver Spekulation über den Sprachtypus aus der geistig-strukturellen Verwandtschaft auf genetischen Zusammenhang geschlossen.

3. Voraussetzung:
Sie hatte als theoretischen Hintergrund den Evolutionismus L.H.Morgans. Powell (1891) adaptierte dessen Ideen und übertrug sie auf die Sprachentwicklung (Haas 1969:251).

Deshalb war man der Meinung, daß sich die grammatische Struktur – in Abhängigkeit von der kulturellen Entwicklung der Träger der Sprache – schneller ändert als das Lexikon, so daß dieses also bei der Klassifikation die aussagekräftigere Grundlage zu liefern schien.

Grammatikalisch unterschiedliche Züge werden bei einer solchen Betrachtungsweise, wenn überhaupt, erst bei der Subklassifikation relevant, das heißt, wenn bereits feststeht, daß zwei oder mehrere Sprachen miteinander genetisch verwandt sind.

4. Voraussetzung:
Die Auffassung, daß das Lexikon jener Teil der Sprache ist, der die unmittelbarsten Verbindungen mit der geistigen und materiellen Kultur seiner Sprecher aufweist, führt dazu, daß bei der linguistischen Paläontologie (der Rekonstruktion geschichtlicher Vorgänge mit Hilfe linguistischer Daten) der Wortschatz als am hilfreichsten angesehen wird (vgl. dazu Wald 1978:393–4).

Dennoch wurde von Anfang an die Bedeutung der Grammatik bzw. des Lexikons für den Verwandtschaftsbeweis durchaus kontrovers diskutiert. (s. 2.3.).

Meist blieb es jedoch dabei, daß entsprechende Überzeugungen zum Ausdruck gebracht wurden; de facto spielte aufgrund der Materiallage das Lexikon bei Vergleich und Klassifikation die wichtigere Rolle.

Nach Auffassung einiger Forscher (z.B. Lehmann 1969:47) ist der Wortschatz das am wenigsten charakteristische Merkmal einer Sprache. Ferner gilt: Nicht nur der Wortschatz, auch allgemeine Strukturmerkmale können ohne weiteres von einer Sprache auf die andere übertragen werden. Genau diese beiden Punkte spielten aber bei der Klassifikation der Indianersprachen die vorherrschende Rolle.

Deshalb bestand vor allem anfangs ein großer Unterschied zwischen den amerikanischen Methoden und der europäischen, indogermanistischen Tradition, in der auch die vergleichende Grammatikanalyse eine große Rolle spielte. Die Ergebnisse der verschiedenen Vorgehensweisen sollten deshalb auch unterschiedlich beurteilt werden. Natürlich ist ein genetischer Vergleich erst dann überzeugend, wenn er auch durch lexikalisches Material gestützt ist, da auch strukturelle Züge von benachbarten unverwandten Sprachen übernommen werden oder sich im Lauf der Zeit völlig verändern können.

3. Tendenzen nach Powell

3.1. Die Reduktionstendenz

Motive

Nach Powell setzte am Anfang des 20. Jahrhunderts sofort eine Phase der Reduktion ein, das heißt, die Amerikanisten versuchten, die 58 Sprachstämme der Klassifikation Powells miteinander in Beziehung zu setzen und die isolierten Sprachen zu größeren Gruppen zusammenzufassen.

Powells übervorsichtige Klassifikation, die alles, was nicht sowieso für jedermann offensichtlich verwandt war, als nicht verwandt einordnete, wurde offensichtlich seit ihrem Erscheinen als unbefriedigend empfunden. Sapir (1921:408) drückte die allgemeine Stimmung sicher treffend aus, als er feststellte:

> "It is clear that the orthodox "Powell" classification of American languages,...needs to be superseded by a more inclusive grouping...The recognition of 5o to 60 genetically independent "stocks" north of Mexico alone is tantamount to a historical absurdity."

Als Gründe für die Reduktionstendenz, die bis in die sechziger Jahre dieses Jahrhunderts mehr oder weniger unvermindert andauerte, führt Pinnow (1964:25) an: Erstens die "Grundhaltung", die allen nordamerikanischen Indianersprachen gemeinsam sei trotz ihrer außerordentlich großen Unterschiedlichkeit. Zweitens habe die "lange Isolierung" der meist kleinen Stämme sprachliche Zersplitterung bewirkt, und drittens habe das Fehlen des "konservativen Elements" der Schrift eine Auseinanderentwicklung gefördert.

Pinnow sagt selbst, daß der Nachweis für die Berechtigung einer stark reduzierten Klassifikation äußerst erschwert sei. Die angeführten Gründe bewegen sich, obwohl jeder für sich plausibel erscheint, solange im Bereich der Spekulation, wie nicht im Einzelfall beispielsweise nachgewiesen wird, ob und wie lange bestimmte Völker tatsächlich isoliert waren. Ausschlaggebend ist in jedem Fall erst die Vorlage von konkretem Beweismaterial.

Zufallsfaktoren

Campbell & Mithun (1979:29-30) weisen darauf hin, daß vieles bei den weithin akzeptierten Klassifikationen das Resultat historischer Zufälle ist und führen als Paradebeispiel an:

"What would the classification of American Indian languages look like today if a Sapir or Kroeber had first arrived upon the lumping scene not in California, but in some other area?"

Sie stellen weiter fest, daß, wenn die Arbeit von Forschern wie Kroeber oder Sapir an der Zusammenfassung entfernt verwandter Sprachen zu größeren Gruppen nicht in Kalifornien, sondern im Gebiet der Mayasprachen begonnen worden wäre, ebenfalls ein Schneeballeffekt zustandegekommen wäre. Als verwandt mit den Mayasprachen angesehen wurden immerhin die Hoka-Sprachen (von Sapir 1929; von Radin 1919:492 und von Swadesh 1967a) und die Penuti-Sprachen (von Whorf 1935,1943 und anderen). Diese Vorschläge, so Campbell & Mithun weiter, illustrieren lediglich die Tendenz, daß bekannte Vorschläge für Sprachgruppen immer neue Vorschläge zur Erweiterung dieser Gruppen anziehen.

"We might today be reevaluating some large and lumpy Macro-Mayan phylum which had snowballed outward to include not only neighboring linguistic groups in Mesoamerica, for which proposals abound, but also much of the traditional Hokan and Penutian terrain" (Campbell & Mithun 1979:30)

Generell ist zu sagen, daß bei der Vielzahl von Sprachen auf dem amerikanischen Doppelkontinent im Wesentlichen zwei Vorgehensweisen möglich sind: Zum einen die "Vogelperspektive", der Versuch, sich großräumigen Überblick zu verschaffen und in Kauf zu nehmen, daß man viele Ähnlichkeiten zwischen Sprachen beurteilen muß, ohne die Sprachen näher zu kennen (was bei der ungeheuren Diversität auch sehr schwierig ist). Zum anderen spielt in der Forschungsgeschichte eben der Zufall eine große, nicht zu unterschätzende Rolle. Der Zufall tritt dann ein, wenn ein Spezialist für ein bestimmtes Gebiet sich mit einer zweiten, geographisch weit entfernten Sprache oder Sprachgruppe befaßt und hier plötzlich Ähnlichkeiten bemerkt, die er aufgrund seines Vorwissens beurteilen kann.

Key (1979:35) weist darauf hin, daß nur durch den Umstand, daß Gerdel und Slocum[1] erst in Mexiko Maya studiert hatten und dann im Paez-Gebiet des nördlichen Südamerika Feldforschung betrieben, diese beiden Forscher auf einen historischen Zusammenhang dieser beiden Gruppen aufmerksam wurden.

Hamp (1975:310) weist darauf hin, daß die tiefe Kenntnis der Yokutsvarietäten einerseits und des Zuni andererseits, die sich Newman im Laufe von Jahren angeeignet hatte, letzten Endes dazu geführt hat, daß Newman (1964:1-13) auf zahlreiche Parallelen zwischen den beiden stieß, was zu Beginn seiner Studien gar nicht beabsichtigt oder voraussehbar war.[2]

Nicht nur die enge Spezialisierung der meisten Forscher ist hier hinderlich. Auch politische Grenzen bestimmen – hierauf weist auch Ruhlen (1987:226) hin – welche Sprachen studiert werden. Der mangelnde Austausch zwischen den dadurch entstehenden Schulen kann die Aufdeckung genetischer Zusammenhänge lange Zeit verhindern. Aber: Von der Perspektive der genetischen Zusammenhänge her gesehen sollten geographische und politische Grenzen bedeutungslos sein.

3.1.1. Dixon und Kroeber

Schon Boas 1974 (1906:186 und 1911:22–3) nennt statt der Powellschen 58 stocks nur 55. Erst Boas' Schüler Alfred Louis Kroeber, der Gründer des Department of Anthropology an der Universität von Berkeley, begann, zusammen mit anderen Forschern (Dixon, Sapir, Watermann, Radin, Barret) in seinem Hauptbetätigungsgebiet, den kalifornischen Sprachen, große Reduktionen durchzuführen. Von den 58 stocks Powells waren 22 in Kalifornien vertreten. Die vergleichenden Studien, die mit Hilfe von Wörterlisten 67 Varietäten aus allen 22 stocks untersuchten, führten u.a. zu dem Ergebnis, daß die meisten kalifornischen Sprachen in zwei große Gruppen zusammengefaßt wurden: 1. Penutian: Diese Gruppe umfaßte Maidu, Yokuts, Wintun, Miwok und Costanoan. 2. Hokan: In dieser Gruppe wurden Karok, Chimariko, Shastan, Pomo, Yana, Washo, Esselen, Salinan, Chumash und Yuman vereinigt. Außerdem brachte Kroeber Wiyot und Yurok zusammen, die bei Powell jeweils als isolierte Sprachen aufgeführt waren.

3.1.2. Sapir

Sapir setzte den Reduktionstrend, der durch Dixon und Kroeber vorgezeichnet war, fort. Nicht ohne Grund: Er war 1978 in Berkeley "research associate" in Anthropologie an der Universität von Kalifornien, wo der Trend vorherrschte (s. Campbell und Mithun 1979:26).

Seine berühmte Klassifikation von 1921 reduzierte die Sprachen Nordamerikas (acht Jahre später kamen einige Sprachen Mexikos und Zentralamerikas dazu) auf sechs große "superstocks", die später in Analogie zu den größten Gruppen in der Biologie "phyla" genannt wurden.

3.1.2.1. Sapirs Klassifikation von 1929

Die Klassifikation, die Sapir 1929 in der Encyclopaedia Britannica veröffentlichte, sei hier nach Campbell & Mithun (1979) wiedergegeben:

I. Eskimo-Aleut

II. Algonkin-Wakashan

A. Algonkin-Ritwan (Algonquian, Beothuk, Ritwan, [Wiyot, Yurok])

B. Kutenay

C. Mosan (Wakashan-Salish) (Wakashan [Kwakiutl, Nootka], Chimakuan, Salish)

III. Nadene

A. Haida

B. Continental Nadene (Tlingit, Athapaskan)

IV. Penutian

A. California Penutian (Miwok-Costanoan, Yokuts, Maidu, Wintun)

B. Oregon Penutian (Takelma, Coast Oregon Penutian [Coos, Siuslaw, Yakonan], Kalapuya)

C. Chinook

D. Tsimshian

E. Plateau Penutian (Sahaptian, Waiilatpuan [Molale, Cayuse], Lutuami [Klamath-Modoc])

F. Mexican Penutian (Mixe, Zoque, Huave)

V. Hokan-Siouan

A. Hokan-Coahuiltecan

1. Hokan

a. Northern Hokan

1. Karok, Chimariko, Shasta-Achomawi

2. Yana

3. Pomo

b. Washo

c. Esselen-Yuman

1. Esselen

2. Yuman

d. Salinan-Seri

1. Salinan

      2. Chumash

      3. Seri

    e. Tequistlatecan (Chontal)

  2. Subtiaba-Tlappanec

  3. Coahuiltecan

    a. Tonkawa

    b. Coahuilteco

      1. Coahuilteco proper

      2. Cotoname

      3. Comecrudo

      4. Karankawa

B. Yuki

C. Keres

D. Tunican

E. Iroquois-Caddoan

  1. Iroquoian

  2. Caddoan

F. Eastern Group

  1. Siouan-Yuchi

    a. Siouan

    b. Yuchi

  2. Natchez-Muskogian

    a. Natchez

    b. Muskogian

    c. Timucua

VI. Aztec-Tanoan

A. Uto-Aztecan

  1. Nahuatl

  2. Piman (Sonoran)

  3. Shoshonean

B. Tanoan-Kiowa

    1. Tanoan

    2. Kiowa

C. Zuni

3.1.2.2. Vorarbeiten von anderen Forschern

Diese Klassifikation war natürlich nicht über Nacht entstanden, sondern basierte auf zahlreichen Vorarbeiten Sapirs. Darunter waren seine bahnbrechende Studie über Wiyot und Yurok in Kalifornien und deren Verwandtschaft mit den Algonkinsprachen (1913), Studien über die Na-Dené-Sprachen (1915), die Beziehungen verschiedener Hoka-Sprachen (1917) untereinander und zu Subtiaba und Tlapanec (1925) in Zentralamerika sowie Studien über die Utoaztekischen Sprachen (1913, 1914). Zahlreiche Ergebnisse von Feldforschungen, unter anderem bei den Wishram Chinook, Takelma, Yana, Southern Paiute, Nootka, Sarsi, Hupa, Kutchin und Navajo flossen ebenfalls in diese Klassifikation mit ein.

Nicht übersehen werden darf jedoch noch eine zweite Tatsache: Nicht alles in den beiden Klassifikationen von 1921 und 1929 beruhte auf eigenen Forschungen Sapirs. Er machte sich, was oft übersehen wird, selbstverständlich auch die bisherigen Studien anderer Forscher zunutze und verwendete dabei oft auch unveröffentlichtes Material (Hymes 1963:73–4).[3]

3.1.2.3. Kriterien für Sapirs Phyla und Sapirs eigene Einschätzung seiner Vorschläge

Sapir stellte seine Vorschläge für die übergeordneten Sprachstämme hauptsächlich aufgrund struktureller Ähnlichkeiten der grammatischen Systeme auf. Das Schema beruhte im Wesentlichen nicht auf Kognaten oder regelmäßigen Korrespondenzen. So waren bestimmte Charakteristika der Wortstammbildung Sapirs wesentlichstes Kriterium für die Aufstellung von Penuti-Sprachen außerhalb von Kalifornien (Sapir 1921:58–67). Hinzu kam, daß Evidenz für die Vorschläge nur zum Teil veröffentlicht wurde, so daß viele Vorschläge undokumentiert blieben.

Sapir war sich klar, daß der Nachweis in vielen Fällen sehr schwierig war und betonte, daß jede Rekonstruktion der genetischen Verhältnisse zum damaligen Zeitpunkt notwendigerweise nur eine äußerst grobe Annäherung an die wirklichen Verhältnisse sein konnte (1921:408):

> "A certain amount of groping in the dark cannot well be avoided in the pioneer stage of such an attempt as this (1920:289)."

"Such a scheme must not be taken too literally. It is offered merely as a first step toward defining the issue, and it goes without saying that the status of several of these languages may have to be entirely related "(Sapir 1925:526)

Campbell und Mithun (1979:28–9) weisen darauf hin, daß Sapir seinen Vorschlag ausdrücklich nur als noch zu testende Hypothese betrachtet hatte.

3.1.2.4. Die Rezeption von Sapirs Vorschlägen und die Einschätzung seiner Methodik

Sapirs Vorgehen, besonders was die lexikalische Seite betraf, waren im Grunde ganz in der Tradition Powells vorgeschlagene, zum Teil schwache Vergleiche. Von daher war die Basis für sein Einteilungsschema sehr wackelig.

"Diese Klassifikation dürfen wir nicht gleichsetzen mit denen, die auf der Grundlage von Rekonstruktionen und anderen Methoden vorgenommen wurden" (Lehmann 1969:46)

Obwohl diese Klassifikation keinen Beweis darstellte, sondern nur eine in ihren verschiedenen Teilen unterschiedlich gut fundierte Glaubenserklärung (Langdon 1974), wurde, in falscher Einschätzung der logischen Basis und ohne die Entwicklung und Vorgeschichte der angewandten Methode zu beachten, diese Klassifikation bereitwillig rezipiert und auch zur Grundlage einer Karte gemacht. Diese Karte erlangte weite Verbreitung und machte durch ihre suggestive Gestaltung und Präsentation einen großen Eindruck auf die Fachwelt und darüber hinaus (Voegelin & Voegelin 1944).

Die Intention Sapirs und die eigene Einschätzung seiner Vorschläge blieb dabei auf der Strecke. Häufig wurden seine Einteilungen als endgültig bewiesen akzeptiert, und da Sapir als Genie betrachtet wurde, gefror das Schema zur Doktrin (Campbell und Mithun 1979:29). Verständlicherweise, aber auch fatalerweise war dieser Trend gerade unter Nicht-Linguisten verbreitet.

Es muß ausdrücklich darauf hingewiesen werden, daß diese Klassifikation überholt ist und auch heute noch laufend modifiziert wird. Aus heutiger Sicht haben sich einige Vorschläge Sapirs als in die richtige Richtung weisend herausgestellt, bei einigen ergab sich ein negativer Befund.[4] Sein tentatives Schema hatte trotzdem großen Wert als Stimulus für weitergehende Untersuchungen sowie als erster Versuch, dem historischen Problem Gestalt zu geben.

3.1.3. Die "super-grouper"

Neben der Reduktionstendenz war immer eine Strömung vorhanden, deren Vertreter noch größere Gruppen als Sapirs sechs Phyla, sogenannte Macro-Phyla, vorschlugen. Campbell und Mithun (1979:36–9) nennen diese Tradition auch die "lumping"- oder "grouping"- Tradition.

Nach 1929 war das Interesse an Klassifikationsproblemen kurzzeitig abgeflaut. Sicher war dies zu einem erheblichen Teil auf den Eindruck zurückzuführen, das das Sapirsche Schema hinterlassen hatte, und zwar gleichgültig ob dies ein positiver oder ein negativer Eindruck gewesen war. Denn im einen Fall fand man Sapirs Vorschlag unübertreffbar, im anderen blieben erhebliche Zweifel wegen der fehlenden Evidenz.

Haas (1976:24) erwähnt, daß Sapir auf vielseitiges Drängen noch einmal ein Seminar zu diesem Thema gab. Einige seiner Schüler überprüften daraufhin die weniger dokumentierten Teile seiner Hypothese. So veröffentlichten 1937 Whorf und Trager eine Arbeit über die Aztec-Tanoan-Hypothese, die heute allgemein mit Skepsis oder Ablehnung betrachtet wird. Whorf schlug darüber hinaus vor, ein Macro-Penutian aufzustellen (vgl. dazu Mason 1940, Trager 1945), das Penutian, Sahaptian, Azteco-Tanoan, Zuni, Kiowa, Totonac und möglicherweise Tunican umfassen sollte. Das Interesse an diesem Vorschlag blieb gering, da keine Evidenz veröffentlicht wurde. Außerdem blieb die Nachprüfbarkeit schwierig, da für viele Sprachen lange Zeit kein ausreichendes Material zur Verfügung stand. Um ein Beispiel aus Dutzenden herauszugreifen: Für Wintu, eine Penuti-Sprache Kaliforniens, erschien erst 1985 ein ausführliches Wörterbuch von Pitkin. Hierdurch verbesserten sich die Möglichkeiten für eine Revision der Beziehungen innerhalb der Penuti-Gruppe entscheidend. Diesen Glücksfall machten sich bis jetzt aber unverständlicherweise erst wenige Forscher zunutze. Die Arbeit von DeLancey (1988), der das Wintu-Pronominalsystem mit dem des Klamath (Plateau Penutian) vergleicht, ist hier eine erfreuliche Ausnahme.

Haas schlug 1958 vor, die von ihr in einer Gruppe zusammengefaßten sogenannten Gulf-Sprachen Muskogean, Natchez, Chitimacha, Atakapa und Tunica mit den Algonkin-Ritwan-Sprachen zu vereinigen. Als Schülerin Sapirs war ihr Hauptbetätigungsfeld die Golfregion und Kalifornien. Erfreulicherweise veröffentlichte Haas in der Regel umfangreiche Evidenz; diese war jedoch keineswegs immer von gleichbleibender Qualität. Die meisten "super-grouper" haben bisher, mangels Anwendung angemessener Methoden beim lexikalischen Vergleich, den Boden wissenschaftlicher Erkenntnisse verlassen.

3.1.3.1. "Amerindian"

Als Sonderfall beziehungsweise als letzte Konsequenz der "super-grouper"-Tendenz sind die "Amerindian"-Studien anzusehen, die alle Indianersprachen (z.T. ohne Eskimo-Aleut und Na-Dené) als letzten Endes miteinander verwandt betrachten. Eine gute Beschreibung des Ansatzes gibt Swadesh (1954:306):

> "At times some scholars despair of solving the difficult problems of remote prehistory and confine themselves to details of historical phonology or to the compilation of descriptive materials...Little could be accomplished without the painstaking detailed concentration on small component problems, but it is also well from time to time to reexamine the broad questions in the light of accumulated data and understanding..."

Angesichts des praktisch vollständigen Fehlens älterer Quellen oder gar schriftlicher Überlieferung und der enormen sprachlichen Diversität auf dem amerikanischen Doppelkontinent plädiert Swadesh ausdrücklich für ein anfängliches "Versuch und Irrtum"-Verfahren, wie es ja analog auch im Bereich der Indogermanistik zunächst vorherrschte. Swadeshs Beitrag sollte man also – wie er dies übrigens auch selbst tat – realistischer sehen (Bartholomew 1969:80) und weder pauschal ablehnen noch sich dadurch, daß Swadeshs Material oft sehr ungenügend ist, von eigenen Untersuchungen abhalten lassen. Die Arbeiten, die Swadesh und andere auf diesem Gebiet veröffentlichten, sind Pionierleistungen und sollten auch als solche gewertet werden.

Radin machte bereits 1919 den drastischen Vorschlag, die Vielzahl der amerikanischen Sprachen zu einem einzigen Stamm zusammenzufassen. Swadesh über Radin:

> "In fact, if Radin had used somewhat stricter standards of phonetic similarity and if he had included Central and South American languages, his paper might have well succeeded in its purpose." (1954:308)

Swadesh schlägt methodische Verbesserungen vor, so die vorzugsweise Heranziehung von CVC-Folgen beim Vergleich, bleibt aber bei manchen "Rekonstruktionen" auf dem Gebiet intern kaum erforschter Sprachfamilien zu liberal. Es sind natürlich keine Rekonstruktionen im indogermanistischen Sinn, sondern eher ad hoc aufgestellte Formeln für die gemeinsamen Elemente einer Zusammenstellung ähnlicher Wörter. Er selbst bezeichnet manche seiner Rekonstruktionen als vorläufige Vorschläge (1954:308).

Die Ansicht des schwedischen Forschers Holmer war, daß eine wirkliche genetische Klassifikation letzten Endes nicht mehr zu leisten sei. Er gab den Versuch dazu als ziemlich nutzlos auf (Key 1979:16). Holmer verlegte sich darauf (1956:52-9), zwischen den Familien lexikalische und strukturelle Ähnlichkeiten zu finden und so Züge eines ursprünglichen "Amerindian" zu rekonstruieren.

Matteson versuchte 1977 aufgrund von umfangreichem Material ein rekonstruiertes Proto-Amerindian zu erarbeiten. Dieser Versuch fußt immerhin auf der Zusammenschau von modernen Rekonstruktionen von 16 Protosprachen und drei isolierten Sprachen. In ihren veröffentlichten Zusammenstellungen von vermuteten Kognaten findet sich aber offensichtlich viel disparates Material. Diese insgesamt wenig überzeugende Arbeit krankt auch daran, daß die Autorin in den von ihr untersuchten Sprachfamilien offensichtlich keine Expertin ist.

Greenbergs "Language in the Americas"

Der vorläufige Höhepunkt dieser Entwicklung ist mit dem Namen Greenberg verknüpft. Er hatte bereits 1975 erklärt, daß fast alle Indianersprachen miteinander verwandt seien. Evidenz hierfür legte er erst 1987 vor. In seinem seit dem Erscheinen höchst kontrovers diskutierten Werk "Language in the Americas" (LIA) ordnet er die Vielzahl der indianischen Sprachen nur drei genetischen Gruppen zu: Die mit eurasischen Sprachfamilien verknüpften Gruppen Eskimo-Aleut, Na-Dené (Athabaskisch-Eyak, Tlingit, Haida) und schließlich "Amerind", wozu alle übrigen nord-, mittel- und südamerikanischen Sprachen gerechnet werden.

Diese sprachliche Dreiteilung steht nach Greenberg auch in Korrelation mit populationsgenetischen und archäologischen Daten, die angeblich ebenfalls auf drei Wellen asiatischer Einwanderer hinzuweisen scheinen.

Greenbergs "Amerind" setzt sich zusammen aus elf Untergruppen, die jeweils durch eine Zusammenstellung bis jetzt ermittelter lexikalischer Vergleiche umrissen werden (1987:63–180).

Die elf Untergruppen sind die folgenden: Macro-Ge, Macro-Panoan, Macro-Carib, Equatorial, Macro-Tucanoan, Andean, Chibchan-Paezan, Central Amerind, Hokan, Penutian und Almosan-Keresiouan.

Diese elf Untergruppen werden weiter (ohne Belegmaterial) zu sechs Zweigen zusammengefaßt:

1. Ge-Pano-Carib	4. Chibchan-Paezan
2. Equatorial-Tucanoan	5. Central Amerind
3. Andean	6. Northern Amerind

Im "Amerind Etymological Dictionary" schließlich wird lexikalisches Material aufgeführt, das mindestens zweien dieser Untergruppen gemeinsam ist (181-270).

Greenberg wendet hierbei durchwegs seine Methode des lexikostatistischen Massenvergleichs an, die auf mühevolle Rekonstruktionsarbeit und die Anwendung strenger komparativer Methode (vgl. 5.1.3., 5.1.4., 5.2.1.) verzichtet. Die Greenbergsche Methode hat aber neben einigen wenigen Vorzügen (vgl. 5.3.6.7.) einen entscheidenden Nachteil. Es ist mehr als problematisch, eine Klassifikation auf der Grundlage von lexikalischen Korrespondenzen zu erstellen, wenn nur durch einfache Inspektion lediglich "lookalikes" verglichen werden. Denn methodisch fundierte Rekonstruktion und bilateraler Vergleich dürfen nicht übergangen, sondern müssen im Gegenteil miteinbezogen, gegebenenfalls ergänzt, modifiziert und weitergeführt werden. Diese scheinbar selbstverständlichen Forderungen wurden bis jetzt beim weitreichenden Vergleich in sträflicher Weise vernachlässigt. Wo unter zu schnellem Verzicht auf andere mögliche Vorgehensweisen zu oberflächlich gearbeitet wird, was leider auch hier meist der Fall ist, suggerieren die Zusammenstellungen entweder eine engere Verwandtschaft, als sie tatsächlich existiert, oder ihre Qualität stößt den ab, der strengere Maßstäbe anlegt. Beides erweckt auf seine Weise fatalerweise den Eindruck, daß weitere Suche sich nicht mehr lohnt.

Es muß in aller Deutlichkeit gesagt werden: Das lexikalische Vergleichsmaterial ist größtenteils völlig unbrauchbar. Greenbergs "Amerind Etymological Dictionary" (181-270), im Klappentext (zusammen mit dem Kapitel "Grammatical Evidence for Amerind") als Kernstück des Buches bezeichnet, bildet leider, wie bisher alle seine Vorläufer, ein unmotiviertes Sammelsurium von semantisch und lautlich zu liberalen Kombinationen, auf die hier unmöglich ausführlich eingegangen werden kann. Nur ein Beispiel: Vergleiche wie die unter "bite" (192-3) aufgeführten (Guamaca kaka "tooth", Kiowa k'o "knife", Yanoama koa "drink", Ticuna ci "sting") sind zahlreich und führen selbstverständlich nirgendwo hin. Lautentsprechungen sind selten rekurrent bzw. auch nur von einer erklärbaren Unregelmäßigkeit. Ferner sind, wie auch schon im Subgroup-Teil (z.B. Penutian: feather = wing 1, leaf 2 = wing 2, fire 2 = burn, take = arm = touch), viele Nummern ganz oder teilweise identisch und müssen daher als eine einzige gezählt werden, wodurch es zu einer Verminderung der Belege kommt. Andererseits fehlen unverständlicherweise viele sofort auf der Hand liegende Ergänzungen: Zu 'carry 1' (202): Bei Andean fehlt Yahgan apa; dazu Equatorial Arawakan Apurina apa sowie Calif. Penutian *apa, *ap und Wakashan Nootka ap. Zu 'cut 1' (148): Costanoan wal hat nichts zu tun mit den Wintu- und Natchez-Formen, sondern ist identisch mit Oregon Coos walwal "Messer"; zu 'cut 2' (148): Natchez toph natürlich nicht zu Wappo (!) cipu, sondern zu Wappo (!) t'oph, usw.

Das für die Subgruppen angeführte Material muß unter drei Aspekten beurteilt werden: Neben dem qualitativen und dem quantitativen zusätzlich unter dem der Anzahl der herangezogenen Sprachen, die bei einigen Untergruppen sehr groß ist. Daher kommt es, je mehr Sprachen herangezogen werden und je geringer die Anzahl der Belege ist, in einigen Fällen zu einer erheblichen Reduzierung der Evidenz für die einzelnen bilateralen Beziehungen und damit der Aussagekraft der Klassifikation.

Es muß aber deutlich auf einige positive Aspekte und Ergebnisse hingewiesen werden, die bis jetzt von den meisten Kritikern übersehen wurden. So ist beispielsweise trotz vieler falscher Vergleiche die Vorlage von Kognatenreihen, die erstmals umfassend die lange vermutete Zusammengehörigkeit des sehr heterogen wirkenden Penutian-Phylums dokumentieren sollen, sehr erfreulich. Die ähnlichen Vorschläge von Sapir, Whorf, Swadesh und Hymes waren kaum jemals durch lexikalische Evidenz in nennenswertem Umfang abgesichert worden, geschweige denn durch Einbeziehung aller Sprachgruppen: Tsimshian, Chinookan, Plateau (Klamath, Sahaptian etc.), Oregon (Takelma, Coos, Alsea etc.), California Penutian, Zuni und Mexican Penutian (mit Mayan etc.). Die Qualität der Kognatenreihen ist allerdings sehr unterschiedlich, es bleiben aber einige interessante Vergleiche übrig, was allerdings weniger an Greenbergs Methode als an der tatsächlichen Verwandtschaft dieser Sprachen untereinander liegt.

Besonders interessant ist die Hinzunahme des Gulf-Phylums (Atakapa, Chitimacha, Natchez, Muskogi) zu Penutian, die in hohem Maß auch von ethnologischem Interesse ist, wenn man an die Kulturbeziehungen dieser Völker zu den mittelamerikanischen Völkern denkt. Eine weitere Bereicherung ist Greenbergs überzeugender Versuch, zwischen Yukian und Penutian genetische Verwandtschaft zu beweisen. Er weist auf einen besonders engen Zusammenhang zwischen Yukian und Gulf hin, was auch dem Argument etwas das Gewicht nimmt, es könne sich bei vielen Yukian-California Penutian-Parallelen um Ergebnisse von Arealdiffusion handeln. Angesichts der Vielzahl der Penutian-Sprachen ist eine umfassende Bestandsaufnahme und Erweiterung des Materials ebenso wie eine Etablierung näherer bilateraler Beziehungen der einzelnen Gruppen nun ein dringendes Desideratum und nach meinen bisherigen Studien eine erfolgversprechende Aufgabe.

Ganz anders als im größtenteils (aus bekannten Gründen) unerfreulichen lexikalischen Teil der Arbeit sieht die Sachlage im Kapitel "Grammatical Evidence for Amerind" (S. 271-320) aus. Dieser Teil von Greenbergs Arbeit ist brilliant, fundiert und von unschätzbarem Wert für seine Beweisführung. Zwar sind die Zusammenstellungen, bedingt durch den echten Pioniercharakter streckenweise zu knapp und lückenhaft. Spezialisten können hier aus ihrem Fachgebiet vieles nachtragen und richtigstellen. Aber allein durch diese Behandlung der grammatikalischen Elemente ist Greenbergs Veröffentlichung sicher zu einem Meilenstein in der Geschichte der Erforschung der genetischen Sprachbeziehungen in Nord-, Mittel- und Südamerika geworden. Erst diese Ausführungen liefern die Berechtigung zu Greenbergs weitreichenden Annahmen. Nur für diesen Teil gilt, dafür aber uneingeschränkt: "...the strength of Amerindian studies is simply the vast number of languages. Thus synchronic breadth becomes the source of diachronic depth" (1987:x).

Abschließend muß noch einmal deutlich betont werden, daß Greenbergs Arbeit nur scheinbar den Endpunkt der Sprachvergleichsstudien in unserem Bereich darstellt. LIA ist vielmehr eher der sehr mit Vorsicht zu genießende Ausgangspunkt für einen umfassenden Vergleich und eine daraus resultierende Klassifikation der Indianersprachen. Oder, wie es Adelaar (1989:254) formuliert, LIA muß neu geschrieben werden. Während die genetische Einheit von "Amerind" (zumindest eines großen Teils der in Frage kommenden Gruppen) durchaus wahrscheinlich geworden ist, ist die vorgelegte lexikalische Evidenz und die daraus hergeleitete Subklassifikation in höchstem Maße revisions- und ergänzungsbedürftig. Auf die fehlerhafte Wiedergabe oder Auswertung des Sprachmaterials in vielen Gruppen wurde bereits mehrmals hingewiesen (für "Almosan-Keresiouan" vgl. Chafe 1987:652-3, Goddard 1987:656-7), für Quechua vgl. Liedtke 1989:283-4, Adelaar 1989:251-2).

Ebenso kann nicht deutlich genug herausgestellt werden, daß die Methodenkritik berechtigt ist. Aber: Anstatt in unfruchtbarem Richtungsstreit zu beharren (vgl. Campbell 1988 vs. Greenberg 1989, s. auch das folgende Kapitel zur "splitting"-Tendenz), wäre es sinnvoll und mittlerweile möglich, Massenvergleichsansatz mit methodisch fundiertem Vorgehen unter Anwendung der Techniken der komparativen Linguistik und unter Ausnutzung aller neu vorliegenden Daten zu kombinieren. Sowohl die beeindruckenden "Ergebnisse" als auch die verfehlte Methodik in LIA werden zum Anlaß genommen, weitreichenden Vergleich erst gar nicht mehr anzugehen. Tatsächlich scheint sich im Augenblick kaum jemand mehr konkret mit methodisch fundiertem weitreichendem Sprachvergleich zu beschäftigen. Stichworte hierbei wären etwa die Berücksichtigung der Arealkonvergenz, Beachtung regelmäßiger Lautentsprechungen, semantische Genauigkeit. Nicht zu vergessen: Ohne "wordlist consumers" (Matisoff 1990) ist Massenvergleich schlicht unmöglich. Dieser ist aber notwendig (Hamp 1979:1007), will man keine Scheuklappen gegenüber möglicherweise verwandten Sprachen oder Sprachgruppen anlegen und damit wichtige Fakten übersehen. Es ist mindestens genauso unwissenschaftlich, zwei verwandte Gruppen getrennt zu lassen wie zwei unverwandte miteinander zu verbinden.

Eine drastische Reduzierung der Sprachgruppen würde auch den Hinweisen auf eine im Vergleich zu den übrigen Kontinenten späte Besiedlung der "Neuen Welt" Rechnung tragen. Von diesem Blickwinkel her erscheint es wenig sinnvoll, gerade auf diesem Doppelkontinent mit einer unverhältnismäßig hohen Anzahl von Sprachfamilien (bis zu 200) zu rechnen.

3.2. Zur "splitting"-Tendenz

In jüngster Zeit steckte die amerikanische komparative Linguistik in einer Phase der Aufsplitterung der größeren Gruppen (vgl. Haas 1976:25). Das Interesse an Vergleichsstudien ist zwar aufgrund neuen deskriptiven Materials, das durch Feldforschung angesammelt und mittlerweile veröffentlicht wurde, gestiegen. Aber das neue Material macht die Überprüfung alter, bis dahin oft unkritisch übernommener Hypothesen möglich und führt einerseits zur Auflösung alter Klassifikationsschemata und macht andererseits auch das Aufzeigen neuer Verbindungen möglich, die jedoch bisher noch nicht etabliert sind. Allgemein herrscht in dieser Richtung deshalb eine Phase, in der alles als getrennt klassifiziert wird, was nicht ganz geklärt ist. Campbell und Mithun nennen diesen Trend die "splitting"-Tendenz (1979:37). Ihre Klassifikation (1979:39–46) ist konservativer als irgendeine seit Powell – in Bezug auf das Gebiet der Vereinigten Staaten sogar noch konservativer: Gegenüber Powells 58 "stocks" verzeichnen Campbell und Mithun sogar 59 "stocks".

Positiv an diesem Ansatz ist die Überprüfung allzu vorschnell akzeptierter und mittlerweile "eingefahrener" Klassifikationen und die Ausräumung der Rumpelkammer lexikalischer Vergleiche. Wo aber darauf verzichtet wird, eigene Vergleichsstudien zu unternehmen und nur noch gegen andere Vorgehensweisen polemisiert wird, vergibt man zuviele Chancen. Auch wenn nur aus übergroßer Vorsicht am "splitting" festgehalten wird, blockiert dies die sprachhistorische Forschung mehr als es ihr nützt (vgl. Pinnow 1987:283).

Um es klarzustellen: Viele Argumente der "splitter", wie der Akzent auf sorgfältigem Umgang mit den Daten oder Beachtung der Möglichkeit von Arealeinflüssen und Entlehnungen, sind unerläßlich und wertvoll.

Campbell 1973 ist ein lobenswerter und bleibender Markstein, aber auch *weil* er sich noch konkret mit weitreichendem Vergleich befaßt. Gefahren der splitting-Tendenz sind, daß nur noch "safe little ventures" nachgegangen wird, sowie eine Attitüde, daß nicht sein kann, was nicht sein darf. Fleming (1987:206) schreibt über die "splitter":

"...they have destroyed hypotheses, more by insistence than by demonstration, but they have built almost nothing. They have established an extraordinary atmosphere of timidity, oddly combined with aggressive scepticism (...) nowadays scholars are AFRAID to venture hypotheses because they do not wish to be attacked."

Wie oben gesagt: Es ist höchste Zeit, den unfruchtbaren Zustand zu beenden und positive Ansätze *beider* Richtungen zu aktivieren.

3.3. Neueste Tendenzen und Ausblick

In neuester Zeit haben DeLancey, Genetti und Rude (1988) einige sehr interessante Vergleiche zwischen Sahaptian, Klamath, und Tsimshian vorgelegt und damit die Verwandtschaft dieser Penutian-Gruppen – trotz einiger methodischer Schwächen – überzeugend dokumentiert. Besonders Tsimshian war lange Zeit, auch noch bei Greenberg (1987), ein Stiefkind des Sprachvergleichs.[5]

Der Na-Dene-Spezialist Pinnow hat in mehreren Arbeiten, die in Pinnow (1985) aufgeführt sind und von Greenberg (1987) nicht erwähnt werden, die von Levine (1979) gemachten Einwände gegen eine genetische Verbindung von Haida mit Tlingit und Eyak-Athabaskisch überzeugend entkräftet. Na-Dene kann seither als gesicherte Gruppierung gelten. Leider wird dieses wichtige Ergebnis bisher völlig ignoriert. Wie schreibt doch Ruhlen (1987:212):

"The scholarly acceptance of proof is an altogether different question from that of proof itself, as the history of science has repeatedly shown."

Bereits 1985 hatte Rodrigues einen engen Zusammenhang zwischen Tupi und Carib erkannt, der nur genetisch erklärt werden kann. Diese eindrucksvolle Arbeit ist Greenberg (1987) offensichtlich entgangen. Er rechnet Tupi der Equatorial-Untergruppe zu, und Macro-Carib faßt er mit Macro-Ge und Macro-Panoan zur größeren Einheit Ge-Pano-Carib zusammen. Alle diese Verbindungen sind aber schwächer als die Verbindung zwischen Tupi und Carib. Liedtke (1988) weist in einer unveröffentlichten Arbeit auf einen bisher nie vermuteten engen Zusammenhang zwischen Penutian, Wakashan und Salishan hin (mit Verbindungen u.a. zu Algonkin-Ritwan). Ein besonders interessanter Aspekt dabei ist, daß vor allem die südlichen Penuti-Sprachen (California, Zuni, Mexican, Gulf) und nicht so sehr die zum Teil benachbarten nördlicheren Penuti-Sprachen, bei denen Arealeinflüsse eine Rolle gespielt haben könnten, klare Verbindungen zu Wakashan und Salishan aufweisen. Greenberg, der all diese Gruppen mit anderen zu einem "Northern Amerind" vereinigt, legte hierfür keinerlei akzeptable lexikalische

Evidenz vor. Nach meinen Untersuchungen ist es möglich, aufgrund völlig anderen Materials mindestens für Penutian, Wakashan, Salishan sowie für Algonkin-Ritwan (aus Greenbergs "Almosan") und – auch das ist neu – für Utoaztecan (aus Greenbergs "Central Amerind") einen engeren Zusammenhang aufzuzeigen. Schließlich kann auch die Quechua-Gruppe (aus Greenbergs "Andean") klar zur Penutian-Gruppe (besonders eng zu California Penutian) gestellt werden. Eine Zusammenstellung grammatikalischer Elemente, die Quechua und Penutian gemeinsam sind, findet sich bei Liedtke (1989:284).

Es ist also zu erwarten, daß durch die Auswertung umfangreichen Materials Klassifikation und Sprachvergleich in nächster Zeit erhebliche Fortschritte machen werden. Hierbei muß aber endlich die strenge Anwendung komparativer Methoden eine Selbstverständlichkeit werden. Eine diesmal endlich methodisch begründetere Reduktionstendenz ist also schon jetzt wieder festzustellen.

4. Erklärung der verschiedenen Arten der Klassifikation und der taxonomischen Schemata

4.1. Klassifizierung nach der Art der vorgefundenen Ähnlichkeiten

Der Begriff "Klassifikation" ist natürlich nicht synonym mit der Bestimmung genetischer Verwandtschaftsverhältnisse. Trotzdem werden "Klassifikation" und "genetische Klassifikation" von vielen Linguisten äquivalent verwendet. Selbstverständlich geschieht dies ungerechtfertigterweise, insbesondere seit der Wiederbelebung der Arbeiten über typologische und arealtypologische Klassifikationen.

Deshalb soll hier zunächst auf die verschiedenen Arten von Ähnlichkeiten zwischen Sprachen hingewiesen werden, auf deren Basis jeweilige Klassifikationen vorgenommen werden.

Es ist nach Hymes (1959:50–51) allgemein akzeptiert, daß es grundsätzlich vier Arten von Ähnlichkeiten gibt:

4.1.1. Universale Ähnlichkeiten

Diese sind allen Sprachen gemeinsam bzw. treten weltweit in unterschiedlicher Häufigkeit zwischen beliebigen Sprachen der Welt auf.

Sofern es hier eine historische Wurzel gibt, d.h. sofern nicht Zufall vorliegt und man auch nicht mit allgemein sprachpsychologischen Gemeinsamkeiten rechnen kann, dann ist dies eine Sache des Ursprungs der menschlichen Sprache überhaupt.

4.1.2. Konvergente Ähnlichkeiten

Hier handelt es sich um Anklänge, die ohne historischen Kontakt zustandegekommen sind und vor allem auf Faktoren wie dem Prinzip der begrenzten Möglichkeiten beruhen oder auch auf onomatopoetische Schöpfungen zurückzuführen sind.

4.1.3. Diffusionale Ähnlichkeiten

Züge einer Sprache werden von einer anderen übernommen.

Voraussetzungen sind geographische Nachbarschaft und Kontakte zwischen den Ethnien.

4.1.4. Genetische Ähnlichkeiten

Diese existieren zwischen zwei Sprachen, wenn eine einen früheren "set of speech habits" darstellt, von dem eine andere abgezweigt ist oder wenn zwei Sprachen Züge einer Sprache oder Sprachgruppe bewahren, von der sie beide abstammen.

Nach Hymes entsprechen folgende Arten von Ähnlichkeiten folgenden Arten von Klassifikationen:

Konvergente Ähnlichkeiten : Typologische Klassifikation

Diffusionale Ähnlichkeiten: Areale Klassifikation

Genetische Ähnlichkeiten : Genetische Klassifikation

Diese drei Arten der Klassifikation bilden auch die Einteilung bei der Betrachtung der Klassifikation der Indianersprachen und der jeweils entsprechenden Methoden in dieser Arbeit.

Hymes (1959:51) weist darauf hin, daß sich die verschiedenen Arten der Klassifikation gegenseitig nicht ausschließen, d.h. sich im Falle einer bestimmten Sprache oder Sprachgruppe verzahnen können.

Zum Terminus "Genetisch"

Die Trennung zwischen genetischer und diffusionaler Verwandtschaft kann schwierig, in einigen Fällen unmöglich sein. Hockett (1957:57–63) stellt daher den Gebrauch von Verwandtschaftsbezeichnungen in der historischen Sprachwissenschaft generell als notwendiges Übel in Frage, läßt den Terminus "genetisch" fallen und spricht einfach nur noch von Beziehungen (relationships) zwischen Sprachen.

Aus praktischen Gründen sollte der Terminus jedoch beibehalten werden, gleichgültig, ob "genetisch" als redundant aufgefaßt wird oder nicht, wenn es vor "Verwandtschaft" steht, da der Terminus bei der Unterscheidung der Arten der Klassifikation gebraucht wird. Eine andere Frage ist natürlich, in welchen Fällen dieser Terminus die wirklichen historischen Gegebenheiten treffend beschreibt.

4.2. Arten genetischer Klassifikation: Lambs taxonomischer Vorschlag

Lamb (1959) stellt 4 Typen der genetischen Klassifikation auf, die nicht miteinander in Konflikt zu stehen brauchen, da jeder Typ einen eigenen, bestimmten Wert hat und auf einen bestimmten Zweck weist.

Klassifikationen sollten jedoch, so fordert Lamb, bezüglich ihres Typs identifiziert werden, so daß Nichtspezialisten wissen, welchen Wert und welche Brauchbarkeit man ihnen beimessen kann.

Die 4 Typen werden von Lamb folgendermaßen bezeichnet und beschrieben:

1) Established Relationship Classification (ERC):

   Sie liegt vor, wenn die Anwendung der vergleichenden Methode ergibt, daß die in Frage kommenden Sprachen definitiv verwandt sind.

2) Probable Truth Classification (PTC):

   Repräsentiert die beste Wahrscheinlichkeitsvermutung. Die Wahrscheinlichkeit überwiegt, daß die Sprachen untereinander mehr verwandt sind als jede von ihnen mit anderen Gruppen.

3) Probable Relationship Classification (PRC):

   Umfaßt wahrscheinlich existierende Beziehungen zwischen Sprachen, die durch irgendeine komparative Technik als verwandt erkannt werden.

4) Established Truth Classification (ETC):

   Endstadium einer PTC, Idealziel und -vorstellung jeder Klassifikation.

4.3. Geschichte der Entwicklung der bei der genetischen Klassifikation verwendeten taxonomischen Schemata

4.3.1. Phylum, stock, family

Whorf & Trager machten 1937 einen Schritt in Richtung auf ein taxonomisches Schema, das bei der Klassifikation der indianischen Sprachen angewandt werden sollte. Ihr Anliegen war es, eine definitive Rangordnung für die verschiedenen Termini einzuführen, die bei der Beschreibung von Verwandtschaftsverhältnissen verwendet werden. Während die Begriffe "Dialekt" und "Sprache" in ihrer Verwendung kaum Schwierigkeiten machten, würden, so Whorf & Trager, die Begriffe "stock" (Stamm) und "family" (Familie) oft nicht klar auseinandergehalten. Einige Amerikanisten gebrauchten "stock" dort, wo andere "family" verwendeten. Die Rangordnung sollte jedoch so festgelegt werden, daß "stock" als übergeordnet eingestuft wird. Man braucht aber noch einen Terminus höherer Ordnung, um entferntere, weitläufige Verwandtschaftsbeziehungen auszudrücken.

Hierfür übernehmen Whorf und Trager aus der Biologie den Ausdruck "phylum". Das endgültige Schema läßt sich daher wie folgt beschreiben:

"We would have then phyla composed of stocks, these composed of families of languages, the latter divided either into dialects, or, for standard languages, into "varieties" ...The terms "subdialect", "sub family", "substock", "subphylum" may also prove useful." (1937:610)

Lamb (1959:40) kritisiert, daß der Gebrauch dieser Termini durch Whorf und Trager selbst unklar ist. So wurden z.B. die – wenn überhaupt – allenfalls äußerst entfernt verwandten Utoaztekischen und Tano-Sprachen als Phylum bzw. Teil eines Phylums bezeichnet und die Eskimo-Aleutischen Sprachen, die zwar deutlich verschieden, aber ganz klar verwandt sind, ebenfalls als Phylum. Dagegen wurden die Penuti-Sprachen Kaliforniens zusammen mit der Coos-Takelma-Gruppe Oregons als Familie etikettiert, obwohl die Unterschiede zwischen diesen Gruppen weitaus größer sind als die zwischen Eskimo und Aleutisch.

4.3.2. Analogien zum zoologischen Klassifikationssystem

Wie Whorf und Trager, so läßt sich auch Lamb von taxonomischen Schemata, wie sie in der Biologie verwendet werden, inspirieren. Er plädiert dafür, die Taxonomie in der linguistischen Klassifikation analog zur biologischen Taxonomie zu gestalten, um die Grade der Verwandtschaft einheitlich zu bezeichnen.

Natürlich ist auch Lamb klar, daß eine exakte Klassifikation nur zu erzielen ist, wenn wir genaue, auf konkretem Beweismaterial fußende Kenntnisse von den Verwandtschaftsverhältnissen haben. Aber er weist mit Recht auf die ähnliche Ausgangssituation in der Biologie hin. Als dort die systematische Taxonomie entwickelt wurde, war wenig von den exakten Zuordnungen vieler Arten zu bestimmten Gruppen bekannt.

Der Wert der Klassifikationsschemata als Basis für immer exaktere Annäherungen an das wirkliche Bild ist nicht in Abrede zu stellen. Die Biologen, so argumentiert Lamb (1959:40) im Hinblick auf die Anwendbarkeit in der Sprachvergleichung, haben Erfahrungen mit PTC-Klassifikationen, die man vorsichtig nutzen sollte.

Die Grundlagen für die moderne biologische Klassifikation der Arten wurde von Carolus Linnaeus (1707–1778) gelegt. In der 10. Ausgabe seines "Systema naturae" (1758) teilte er alle Tiere in sechs Klassen ein: Mammalia, Aves, Amphibia (Reptilien und Amphibien), Pisces, Insecta und Vermes (alle anderen wirbellosen Tiere).

Diese Klassifikation ist aus heutiger Sicht eine sehr grobe Einteilung und ist auf das begrenzte Wissen zurückzuführen, das damals zur Verfügung stand:

"...a Linnean »genus« might include animals now divided among several orders or families or placed in different phyla" (Lamb 1959:38)

Die heutige verfeinerte zoologische Klassifikation wäre in ein Vakuum hinein nicht zu leisten gewesen. Auch die modernen PTC-Einteilungen sind immer noch PTC, obwohl sie wahrscheinlicher als frühere sind, schreibt Lamb.

Um das Einteilungssystem der entwickelten Kenntnis über die Verwandtschaftsverhältnisse anzupassen, schlug Swadesh 1954 vor, drei Ebenen von Phylum zu unterscheiden: Micro-, Meso- und Macrophylum. Deren Geltungsbereich sollte jeweils definiert sein nach Jahrhunderten der Divergenz, die aufgrund lexikostatistischer Methoden errechnet wurden. Diese Termini wurden seither nicht akzeptiert. Lamb schlägt wiederum vor, einfachere und bekanntere Termini aus der Biologie zu übernehmen für Ränge, die über "stock" hinausgehen. Ferner schlägt er vor, für die Ebene zwischen Familie und Sprache zusätzlich den Terminus "genus" einzuführen, da der Terminus "subfamily" oft als ungenügend empfunden werde. Lambs Vorschlag für die Nomenklatur bei den Klassifikationsschemata der vergleichenden Sprachwissenschaft ist in einer Tabelle (1959:41) wiedergegeben mit dem zusätzlichen Vorschlag, daß Zwischenabstufungen durch "sub"- und "super-" vorgenommen werden sollten:

Rank	Marker	Example
Phylum	Macro-	
Class	-oid	
Order	...-...	Indo-Hittite
Stock	-an	Indo-European
Family	-ic	Germanic
Genus	-ish	
Language		
Dialect		

Es folgen Hinweise zum Gebrauch dieses Systems, die aber mehr anwendungstechnische Probleme berühren und deshalb hier nicht näher aufgeführt werden.

Für den Fall, daß eine mit dieser Nomenklatur durchgeführte Bezeichnung zu aufgesetzt oder künstlich empfunden wird, schlägt Lamb schließlich vor, doch zumindest nebenher auch allgemein gebräuchliche Ausdrücke zu verwenden, wie dies in der Zoologie ja auch üblich ist – wie also z.B. in der Regel nicht von Cercopithecoidea, sondern von Affen gesprochen wird, – da sonst die exakte Benennung in zu hinderlicher Weise von der allgemein gebräuchlichen abweicht.

Eine Klassifikation sollte auch nicht versuchen, alle Details von Verwandtschaftsabstufungen terminologisch zu behandeln. Der Grund dafür liegt in der Tatsache, daß diese Beziehungen oft höchst komplex sind, so daß man besser zum Mittel der individuellen historischen Betrachtung greift anstatt die Terminologie zu überfrachten.

5. Der genetische Vergleich

5.1. Das Problem

Bei den Versuchen, genetische Beziehungen zwischen Indianersprachen festzustellen, handelt es sich um ein schwieriges Vorhaben, da wir es in den weitaus meisten Fällen mit weitreichenden Vergleichen zwischen Sprachen zu tun haben, die keinerlei historische Belege aufweisen. Auf diese besondere Situation wurde (und wird) im Wesentlichen auf zweierlei Weise reagiert.

Einerseits schreckte man davor zurück, beim Sprachvergleich in Zeittiefen zu gelangen, die durch keine Belege mehr gedeckt sind. Andererseits war die Aufgabe zu verlockend, als daß man die Fragen auf sich beruhen lassen wollte. Deshalb gibt es den ersten Ansatz, der trotz der schlechten Materiallage einen Vergleich wagt und dabei oft von vorneherein auf die Möglichkeiten interner Rekonstruktion (bei isolierten Sprachen), ja oft sogar auf das Muß der vergleichenden intrafamiliären Rekonstruktion, verzichten zu können glaubt.

Da es jedoch auch hier das Ziel bleibt, entfernte Verwandtschaften aufzuzeigen, verfällt man darauf, die fehlende – und in vielen Fällen nicht zu leistende – Rekonstruktionsarbeit durch andere Verfahren zu kompensieren, etwa durch den mit Hilfe lexikostatistischer Listen durchgeführten Massenvergleich, d.h. den per Augenschein und nach bloßem Anklang vollzogenen Vergleich durch viele Sprachen hindurch. Dieser Ansatz fand seinen bisherigen Höhepunkt bei Greenberg (1987).

Der zweite Ansatz geht den Weg der mühevollen Rekonstruktionsarbeit und der methodischen Verbesserungen Schritt für Schritt und beschränkt sich auf sicher nachweisbare Verbindungen. Voraussetzung für diesen Weg ist gutes deskriptives Material und die Beachtung der Regeln der komparativen Methode.

Die drei Arten diachroner Linguistik

Doerfer (1973:10) unterscheidet drei Arten diachroner Linguistik:

1. Die historische Linguistik

Sie kann sich auf vorhandene Dokumente stützen und beschäftigt sich mit Realphonemen. Diese Methode ist in unserem Bereich praktisch nicht anwendbar. Wo Aufzeichnungen von älterem Material vorliegen, wird der mögliche Vorteil in der Regel durch die schlechte Qualität des Materials wieder aufgehoben.

2. Die rekonstruierende Linguistik

Sie kann sich noch auf belegte Sprachen stützen und operiert mit Idealphonemen, die in einem stimmigen Verhältnis zueinander stehen müssen, aber nicht notwendigerweise den wirklichen Verhältnissen zu entsprechen brauchen.

3. Die glottogonische Linguistik

Sie sucht ohne weitere Belege (und damit ohne Kontrollmöglichkeiten) durch reines "Nachdenken" einen noch älteren Sprachzustand zu erschließen und operiert dabei mit Pseudophonemen.

Diese "Glottogonie" ist auf dem Gebiet der amerikanischen komparativen Linguistik leider häufig anzutreffen (vgl. auch Matisoff 1990).

Die Ansicht, daß bei Indianersprachen deshalb wahrscheinlich keine genetische, sondern nur typologische Klassifikation zu erreichen sei, ist der eine ungerechtfertigte Extremstandpunkt. Aber auch die Schlußfolgerung, daß bei genetischem Vergleich ohne historische Belege nur glottogonisches Vorgehen möglich ist, ist falsch, wie wir am Beispiel des Vergleichs zwischen Quechua und Tarasco (5.3.6.4., 5.3.6.5.) sehen werden.

Um eine kritische Auseinandersetzung mit Aspekten der Methodik, die zunächst jeweils kurz vorgestellt werden, geht es im Folgenden. Gerade für Nicht-Linguisten ist es wichtig, die verschiedenen Ansätze zu kennen und damit beurteilen zu können.

5.1.1. Frühe Vorschläge zur Verbesserung der Methoden des Vergleichs

Vorschläge und Ansätze, die darauf hinausliefen, meist nach dem Vorbild der indogermanistischen Studien, methodische Verbesserungen bei Vergleich und Klassifizierung zu erzielen, gab es schon sehr früh. Aufgrund der schlechten Materiallage, aber auch aus Gründen der Sonderentwicklung der amerikanischen Forschung, wurden diese Ansätze jedoch nicht weiterverfolgt bzw. kamen nicht zum Tragen. Bei Hale (1883) z.B. ist eine deutliche Forderung nach Gleichbehandlung von Grammatik und Lexikon zu spüren sowie das Bestreben nach, wenn nicht terminologischer, so doch inhaltlicher Klarheit was die de-facto-Verwechslung Grammatik/Typologie angeht.

Trumbull (1871, 1876) legte Wert auf synchrone grammatische Deskription (Haas 1969:245–7). Er hatte eine vollständig moderne Ansicht bezüglich der Möglichkeit, die komparative Methode auf indianische Sprachfamilien anzuwenden. Hierbei nahm er eine ähnliche argumentatorische Position wie Whitney (1864) ein: Bevor die vergleichende Grammatik aller Familien und die Lautgesetze des phonetischen Wandels nicht besser bekannt sind, kann man Fragen bezüglich genetischer Verwandtschaft nicht beantworten (Haas 1969:245-7). Er kam zu dem Schluß, daß man bis jetzt keine ausreichenden Daten habe, um das "ob" und "wie sehr" solcher Verwandtschaften zu bestimmen. Whitney (1864) forderte vor allem sorgfältige Rekonstruktionsarbeit und die Herausarbeitung der internen Verhältnisse. Diese Forderungen sind bis heute aktuell geblieben. So selbstverständlich diese Punkte auch erscheinen mögen, so klar werden sie immer wieder mißachtet.

5.1.2. Die Junggrammatiker und Bloomfield

Über die Junggrammatiker schreibt Lehmann:

> "Die neue Richtung konzentrierte sich auf Leipzig. Ihre führenden jungen Forscher, Brugmann, Osthoff, Leskien u.a., machten sich die Bezeichnung "Junggrammatiker" zu eigen...Ihr Wirken zog auch hochbegabte junge Studenten nach Leipzig, so etwa auch Leonard Bloomfield." (Lehmann 1969:88)

Bloomfield war der erste, der die Anwendbarkeit der komparativen Methode und die Möglichkeit der Erstellung einer vergleichenden Grammatik nach indogermanistischem Vorbild auf dem Gebiet der schriftlosen amerikanischen Indianersprachen eindrucksvoll und überzeugend aufzeigte. Bis fast in die 30er Jahre dieses Jahrhunderts hatte man Zweifel an der Möglichkeit der Rekonstruktion von indianischen Proto-Sprachen. Erst Arbeiten von Sapir (1931), der sich ausführlich zur Methodologie äußert, und schließlich Bloomfield (1925, 1946) änderten diese Einstellung.

Auch die Nach-Bloomfield-Ära war geprägt von der Forderung Bloomfields: Grammatiken sollten frei von historischen und typologischen Aspekten sein (vgl. Hockett 1954). Gefordert war also eine streng synchronische Deskription, die diachronische Analysen erst ermöglicht.

Zum Lebenswerk Bloomfields gehört das deskriptive und komparative Studium der Algonkin-Sprachen, die sich durch phonetische Einfachheit auszeichnen und durch meist exzellentes, umfangreiches Material aus verschiedenen Varietäten. Seine mit Hilfe der vergleichenden Methode gemachten Rekonstruktionsansätze fanden später oft Bestätigung durch interne Erkenntnisse (Bloomfield, 1928:99). Das rekonstruierte Proto-Algonkin war die Grundlage für den Vergleich mit den Ritwan-Sprachen Kaliforniens, der nach langen Kontroversen heute als gesichert gelten kann (vgl. Goddard 1975, Berman 1984).

5.1.3. Die Regelmäßigkeit der Lautgesetze

Lautliche Ähnlichkeit genügt zum Nachweis einer Verwandtschaft zweier Wörter keineswegs (Doerfer 1973:7). Obwohl Fälle sporadischen Lautwandels (Unregelmäßigkeiten ohne erklärbares Motiv), vorkommen (Seebold 1981:260–6), müssen wir von der Annahme der Regelmäßigkeit des phonemischen Wandels ausgehen, denn nur regelmäßiger Lautwandel, der nach einer inneren Ordnung abläuft, ist systematischer wissenschaftlicher Erforschung zugänglich.

Daß Lautwandel, physiologisch interpretiert, streng nach phonologischen Gesetzmäßigkeiten und ausnahmslos vor sich geht, war die Ansicht der Junggrammatiker. Die Linguistik sollte induktiv arbeiten, die ermittelten Gesetze sollten naturwissenschaftlichen Gesetzen adäquat sein (Girtler 1979:66). Ausnahmen von diesen Gesetzmäßigkeiten wurden durch die Wirkung von psychologisch interpretiertem analogischen Wandel erklärt. Ein bekanntes Beispiel für solchen analogischen Wandel liegt vor in lat. novem, decem "neun, zehn": Hier bekam die ursprüngliche Form *noven ihr auslautendes m durch den Einfluß der bei einer Aufzählung meist folgenden Form decem.

Die These von der absoluten Regelmäßigkeit ist in dieser Form also nicht haltbar. Dennoch bildet sie das Rückgrat der vergleichenden Sprachwissenschaft. Denn immer sollten zuerst Regelmäßigkeiten festgestellt werden, erst dann, auf dem sicheren Hintergrund der regelmäßigen Korrespondenzen, sollten die Ausnahmefälle von sporadischem Wandel und analogischer Entwicklung plausibel miteinander verbunden werden.

5.1.4. Zur Rekonstruktion

Zur Bestimmung von Wortformen vorgeschichtlicher Sprachstufen wurde diese zuverlässige Methode entwickelt. Sie besteht im Wesentlichen aus der Zusammenstellung und dem Vergleich verwandter Lexeme, der Bestimmung des gegenseitigen Verhältnisses (Retention, Innovation) und der resultierenden Rekonstruktion der zugrundeliegenden Vorformen.

> *"Diese hypothetischen Ansätze gewinnen aufgrund des Systemcharakters der Sprache an Zuverlässigkeit, je mehr Lücken im System wir auffüllen können."*
> *(Lehmann 1969:77)*

Der Aussagewert einer Rekonstruktion, so schreibt Lehmann an gleicher Stelle, hänge von der Materialbasis ab, auf der sie beruht. Die Tatsache, daß sich auch nicht mehr rekonstruieren läßt, was später ohne Spur geschwunden ist, ist bei Sprachen ohne schriftliche Überlieferung natürlich von besonderer Bedeutung.

Wegen der Möglichkeit, daß zwei ursprünglich verschiedene Laute in einem Phonem zusammenfallen können, müssen wir auch phonologische Systeme zweier Sprachen, also z.B. das Vokalsystem und das Verschlußlautsystem, miteinander vergleichen.

Die Rekonstruktionen gelten nur für die Ebene des phonologischen Systems, nicht unbedingt für die Ebene der Aussprache, also für die reale phonetische Ebene. So ist beispielsweise die exakte Aussprache des von Bloomfield für das Proto-Algonkin zweifelsfrei zu rekonstruierenden Konsonanten *θ (vgl. Goddard 1979:73) nicht klar[6], obwohl wir die verschiedenen Reflexe in den Tochtersprachen (l, n, t, š, je nach der phonetischen Umgebung im Wort und/oder je nach Sprachvarietät) kennen.

Rekonstruktionen sind als Extrapolationen nach rückwärts zu verstehen, generell als theoretisches Konstrukt aufzufassen und spiegeln immer unseren gegenwärtigen Erkenntnisstand über die Systematik der Beziehungen wieder (vgl. dazu Bynon 1981:47). Auch jede Hinzunahme einer neuen, verwandten Sprache kann die Verhältnisse verschieben und somit die Rekonstruktion verändern. Oder – und dies ist angesichts fehlender schriftlicher Zeugnisse von besonderem Gewicht – jeder Verlust einer Sprache oder eines Sprachzweiges (durch Aussterben) beschränkt und beeinflusst die Möglichkeiten und Ergebnisse der Rekonstruktionsarbeit. Eine die tatsächlichen historischen Verhältnisse wiedergebende Rekonstruktion des Kasussystems etwa der romanischen Sprachen wäre – stünden uns lediglich die modernen Spielarten zur Verfügung – wohl undenkbar.

Hockett (1948:124–5) weist außerdem darauf hin, daß wir der Proto-Sprache nicht a priori Eigenschaften zuschreiben sollten. Hier sollte man sich nur von Tatsachen leiten lassen. So ist das Proto-Algonkin gleich komplex wie die Tochtersprachen, aber es gibt auch Proto-Sprachen, die einfacher oder komplexer als ihre Abkömmlinge sind. Wir wissen außerdem nicht, ob die ältesten rekonstruierbaren Züge einer Sprache synchron waren oder nicht.

Schließlich ist die genaue ursprüngliche Bedeutung einer Protoform oft schwer zu ermitteln, das heißt:

> "Diese Methode begrenzt den Wortschatz auf einen Kern einer archaischen Periode, ohne gleichzeitig die Bedeutung der Lexeme zu dieser speziellen Zeit angeben zu können" (Wald 1978:395).

5.1.5. Interne Diversität

Der ständige Sprachwandel – ob es sich nun um isolierte oder um schriftlose Sprachen handelt oder nicht – ist eine Tatsache.

Die Gründe dafür sind, nach Bright (1985:3), wahrscheinlich in der sozialen Natur des Menschen zu finden, und besonders vielleicht in der Funktion, soziale Gruppen oder soziale Situationen voneinander abzugrenzen. Keine Sprache ist daher ganz homogen, wobei soziale Bedingungen oft mit geographischen Bedingungen korrespondieren.

Sogar die Sprache eines einzigen Individuums weist Abwechslung auf zwischen mehr formalen Varietäten und solchen, die in weniger formalen Kontexten gebraucht werden.

Aus der Dialektgeographie ist bekannt (Bynon, 1981:165–86), daß es in vielen Gebieten keine scharfen Dialekt oder Sprachgrenzen gibt, eher ein Kontinuum von langsamen Übergängen. Unsere Sprachauffassung ist seither erweitert: Sprachen sind nicht homogene, sondern komplexe, differenzierte Gebilde. Bei der Rekonstruktion handelt es sich um einen Rückschluß in Syllogismen, wodurch wir ein dialektfreies Phonem erhalten. Reflexe der indogermanischen Rekonstruktionen weisen aber Irregularitäten auf, die darauf hindeuten, daß die Ursprache nicht dialektfrei war (Lehmann 1969:84, Seebold 1981:261).

Die Dialektologie hat im indogermanischen Bereich eine lange Tradition. Key (1979:107) weist darauf hin, daß im außerindogermanischen Bereich deren Relevanz für das Verständnis des Lautwandels erst langsam erkannt wird.

Vonnöten sind hier neben umfangreichen Material auch die Bestätigung der Ergebnisse durch unterstützende Disziplinen wie Geographie, Soziologie und Völkerkunde (Mayers 1976:89).

5.1.5.1. Stammbaum- und Wellenmodell

Das genetische Modell der historisch-komparativen Linguistik sieht Sprachen als Töchter einer Mutter an. Deshalb spricht man von Sprachfamilie und bezeichnet das zugehörige graphische Modell als Stammbaum.

Das Wellenmodell kann ebenfalls graphisch dargestellt werden (Bartholomew 1969:79, Lehmann 1969:124).

> *"The family-tree approach assumes sudden splits within a dialect-free parent, while the wave-approach assumes a dialect continuum which dissolves into distinct languages and in which the newly budded languages reflect the earlier dialect interrelationships." (Miller 1984:1)*

Die Wellentheorie geht wie die Dialektgeographie von dem realistischen Modell aus, daß eine Sprache eine komplexe Varietätenkette ist mit graduellen Unterschieden, aber ohne scharfe Sprachgrenze. Ein solches "Genus aus einer Varietätenkette" liegt etwa vor beim Holländischen und Deutschen, bei gewissen Hoka-Sprachen (Bright 1984:41) und bei Wintu, Miwok und Costanoan (Campbell und Mithun 1979:34,43–4).

In Korrelation mit geographischen Daten und sozialen Daten wie Bevölkerungsdichte, Seßhaftigkeit und Wirtschaftsform ermöglicht es die Wellentheorie, wie Miller (1984) ausführlich für die utoaztekischen Sprachen aufzeigt, die geschichtliche Entwicklung der sprachlichen Diversifikation klar nachzuzeichnen. Die Natur der utoaztekischen Gesellschaft spiegelt sich in der Art der sprachlichen Diversität wieder.

Für manche Zwecke ist die Darstellung von Verwandtschaften mit dem Stammbaummodell brauchbarer – so ergibt die Lexikostatistik oft eher eine Kettenbeziehung, wo keine existiert (Bright 1984:43). Sie sollten sich, da sie jeweils verschiedenen Zwecken dienen können, ergänzen.

Suárez hat gezeigt (1983:24), daß auf manche Sprachgruppen, wie auf die Mixtekische, das Stammbaummodell nicht anwendbar ist. Auch Miller (1984:18) stellt fest, daß die Natur der internen Beziehungen der utoaztekischen Sprachen durch das Stammbaummodell ohne Verzerrungen nicht wiedergegeben werden kann.

Stammbaum- und Wellenmodell ergeben also auch eine jeweils andere klassifikatorische Behandlung.

Die extreme sprachliche Diversität der Sprachen Amerikas kann wohl zum Teil dadurch erklärt werden, daß durch das Aussterben von Bindegliedern derartige Varietätenketten an mehreren Stellen unterbrochen wurden (Lamb 1964).

Bei diesem Themenkomplex wird deutlich: Interdisziplinäre Zusammenarbeit von Ethnologen, Soziologen und Historikern ist unerlässlich.

5.2. Zum methodischen Vorgehen

5.2.1. Die interne Rekonstruktion

Dieser diachrone Ansatz ist notwendig, wo der synchrone Ansatz uns nicht weiterhilft.

Vor einem Vergleich sollte das synchrone Material auf morphophonemische Anhaltspunkte für den älteren Sprachzustand untersucht werden (Hockett 1948:123). Dies ist besonders wichtig bei den notorisch schwierigen isolierten Sprachen ohne nahe Verwandte.

Hier macht oft die Anordnung der Morpheme einen Vergleich schwer. Ein Beispiel aus dem Karok Kaliforniens: Gursky (1965:18) vergleicht, obwohl er (S.11) *pa- als Element mit der Bedeutung "mit dem Mund" identifiziert, immer noch paǯup "küssen" mit Wappo puc' (wobei darüberhinaus auch noch -up und der Wechsel a/u unerklärt bleiben).

Haas (1980:69) folgert aus der Silbenstruktur und aus immer wiederkehrenden Morphemen im lexikalischen Material des Karok, daß die zweisilbigen Stämme in Präfix + Wurzel zerlegt werden können.

Zur Ermittlung der Bedeutung dieser Komponenten werden die ersten und zweiten Elemente gegenübergestellt: So ergeben sich aus impat "to become broken owing to heat", ikpat "to break by hitting with something" usw. *im- "by fire", *ik- "hit with instrument", *-pat "break". Auch scheinbar Zweideutiges läßt sich lösen: so haben die zweiten Elemente von imfir "(objects) to be hot" und -imfir "to singe an animal" nichts miteinander zu tun, da sich fir auch in der Bedeutung "to do to the hide of an animal" in tá-fir "to dress a hide" (tá- "by tool") usw. findet. Auf diese Weise zeigt Haas in ihrem Artikel 17 z.t. neu ermittelte Präfixe (davon 4 homophone) und deren Bedeutung auf, mit dem erklärten Ziel, den Vergleich des Karok mit den hypothetischen Hoka-Sprachen (insbesondere mit solchen, die ebenfalls Instrumentalpräfixe haben) zu ermöglichen.

Wie sehr man anderswo Täuschungen unterliegen kann, zeigen folgende Beispiel (unter der theoretischen Annahme, daß nhd. isoliert und die einzige uns bekannte idg. Sprache wäre): Würden wir Wörterwie "Dickicht" vs. "Gesicht" sofort richtig analysieren? Falsch wäre es, analog zu "Dick-icht" (von "dick") "Gesicht" als "Ges-icht" (von *ges) aufzufassen. Ad hoc vorgenommene Segmentierungen ähnlicher Art sind beim Vergleich zwischen Indianersprachen leider weit verbreitet. Oder "Ur-zeit"/"Vor-zeit" vs. "Ursprung"/"Vor-sprung": Hier stimmt zwar die Analyse. Aber während die beiden ersten Begriffe inhaltlich auf derselben Skala angesiedelt sind, sind die beiden anderen zwar formal gleich gebildet, inhaltlich jedoch nicht analog.

Ein weiteres Beispiel: Früher wurde von Haas (1958:164) im Wiyot-Wort für "trinken", badoǯ-, ohne Erklärung des -ǯ- ein Stamm *bado- analysiert. Jetzt wird richtig analysiertes bad-oǯ intern zum analog gebildeten dun-oǯ "to suck" gestellt (Berman 1984:336–7).

5.2.2. Vorschläge für das methodische Vorgehen

Die gebräuchlichste Methode des Sprachvergleichs in der amerikanischen komparativen Linguistik war, und ist immer noch, vergleichende Wortlisten auf Formen mit ähnlicher Lautung und Bedeutung hin zu untersuchen und Fälle ausreichender Ähnlichkeit als genetisch verwandt zu werten. Meist wird nur wenig getan, um andere Erklärungsmöglichkeiten wie Zufall, Universalien oder Diffusion auszuschließen. Genetische Klassifikationen, die auf dieser Methode basieren, sind nicht als überzeugend einzuschätzen (Campbell 1973:113).

Gewöhnung an etablierte Klassifikationsschemata trübt häufig den Blick dafür, die oft problematischen Einordnungen neu in Frage zu stellen (Hymes 1959:52). In jedem Falle ist es besser, sich nicht von einer positiven oder negativen Attitüde leiten zu lassen, die Entscheidung zurückzustellen und nur das Material sprechen zu lassen.

5.2.2.1. Die drei Stadien zur Erreichung einer genetischen Klassifikation

Die verschiedenen Klassifikationen bieten oft ein verwirrendes Bild. Dies hat nach Hymes (1959) zum Teil eine Ursache, die meist nicht klar genug herausgestellt wird: Man unterläßt es, bei der genetischen Klassifikation drei Stadien zu unterscheiden. Diese drei Stadien sind: Hypothese, Beweis und Etablierung (1959:52).

Als Hypothesen sind solche Vorschläge aufzufassen, die aufgrund beobachteter Ähnlichkeiten zwischen zwei oder mehr Sprachen gemacht werden, ohne daß Evidenz vorgelegt wird bzw. Vorschläge, bei denen die vorgelegte Evidenz keine ausreichende Beweiskraft hat.

Der Vorteil einer Hypothese ist, daß sie die Aufmerksamkeit auf Bereiche lenkt, in denen weitere Suche Erfolg haben könnte.

Hymes plädiert dafür, bei Aufstellung und Rezeption einer Hypothese solchen Sprachen absoluten Vorrang einzuräumen, von denen nur noch wenige Sprecher am Leben sind (1959:53).

Als Beispiele solcher Hypothesen nennt Hymes Greenberg 1956, viele von Swadeshs Vorschlägen sowie Lambs (1959) PR-Klassifikationen (s. 4.2.2).

Ein Beweis liegt dann vor, wenn kein anderer Schluß aus dem vorliegenden Material gezogen werden kann, als daß die fraglichen Sprachen genetisch verbunden sind (Hymes 1959:54).

Die Menge und Art der Evidenz, die dafür notwendig ist, kann von Fall zu Fall sehr variieren.

Das größte Problem liegt darin, daß sich die Wissenschaftler auf keine gemeinsamen Kriterien geeinigt haben, die als einigermaßen verbindlich angesehen werden können.

Zwei grundlegende Erfordernisse für den Beweis sind auf jeden Fall die Ausschaltung des Zufalls und die Unterscheidung genetischer und diffusionaler Ähnlichkeiten.

Zu methodischen Aspekten, die in diesem Stadium hilfreich sind, siehe 5.2.3. unten.

Die Etablierung eines Beweises bedeutet, daß der bereits festgestellte Zusammenhang durch detailliertes Ausarbeiten des spezifischen Inhaltes der Beziehung, durch umfangreiche Korrespondenzen und Rekonstruktionen, abgesichert und beleuchtet wird (Hymes 1959:60).

5.2.3. Allgemeines zu den methodischen Schritten

In vielen Fällen wird nichts anderes übrigbleiben, als abzuwarten, ob adäquates und ausreichendes deskriptives Material zur Verfügung steht, um vorgeschlagene Hypothesen nachprüfen zu können.

Eine Grundvoraussetzung für die erfolgreiche komparative Arbeit auf Phylum-Ebene ist in jedem Fall, die Rekonstruktionsarbeit auf der Ebene der Sprachfamilien – oder bei isolierten Sprachen die interne Rekonstruktion – voranzutreiben. Dies kann nicht genügend betont werden.

Quantifikation beim Listenvergleich oder der Massenvergleich quer durch viele Sprachen haben nur begrenzten Wert (Campbell 1973:113-4). Sie nützen nichts und führen nur in die Irre, wenn die Materialbasis nicht einwandfrei ist. Generell sollte selbstverständlich sein, angewandte Methoden und erstrebte Ziele klar zu deklarieren. Verfahren, genetische und diffusionale Beziehungen voneinander zu trennen, werden wir unten in 5.4. kennenlernen.

5.2.3.1. Die Ausschaltung der Möglichkeit des Zufalls

Man kann nach Doerfer (1973:69-72) zwei Arten von Zufall unterscheiden.

1. Den statischen Zufall. Dieser ergibt sich aus dem Prinzip der begrenzten Möglichkeiten und aus einfachen Wahrscheinlichkeitsgesetzen. Hierbei kann es auch zu Zufallshäufungen kommen (1973:37).

2. Den dynamischen Zufall. Hierbei läßt sich unterscheiden:

a) lautliche Konvergenz. Ein Beispiel: Obwohl sich im Zapotec Mexikos lexikalische Parallelen zu den Maya-Sprachen finden (Bouda 1973:189), die auf einen historischen (unter Umständen genetischen) Kontakt hindeuten, läßt sich zap. ba'ku "Knochen" nicht mit dem entsprechenden Maya-Wort vergleichen (Tojolabal b'ak, Mam, Tzeltal bak,

Quiché baq).

Wir wissen durch das dem Zapotec benachbarte Chatino, das manche archaische Züge bewahrt hat, daß zap. b und p (je nach Varietät) im Anlaut aus *kw entstanden sind (Suárez 1983:20).

b) semantische Konvergenz: Beispiele bei Doerfer 1973:69–72.

Eine Theorie des Zufalls muß oft auch Tatsachen wie die geographische Lage und die vermutliche Divergenzzeit in Betracht ziehen: Auch zwischen Zulu (Afrika) und Zuni (Nordamerika) gibt es in einer Liste von 100 Wörtern 5 zufällige Ähnlichkeiten, die aber, würde Zulu ebenfalls in Nordamerika gesprochen, ein anderes Gewicht bekämen (Hymes 1959:55). Ein Desideratum wäre eine weltweit angelegte Studie über zu erwartende Zufallshäufigkeit (Hymes 1959:57).

5.2.3.2. Deskriptive Wörter

Obwohl deskriptive Wörter universal vorkommen, können sie natürlich dennoch auf einen genetischen Zusammenhang deuten. Denn auch deskriptive Wörter sind bis zu einem gewissen Grad durchaus arbiträr. Überwiegen im Vergleichsmaterial jedoch solche Wörter, so steigt die Wahrscheinlichkeit, daß es sich um Zufall handelt.

Spielen sie bei einem genetischen Vergleich eine Rolle, so ist zu beachten, daß deskriptive Wörter dem Lautwandel gegenüber resistenter sein können als der übrige Wortschatz (Anttila 1972:86).

Deskriptive Bildungen können aber auch durch lautlichen Wandel verdunkelt werden (Doerfer 1973:89). Ein Beispiel: Erst der Vergleich von Zapotec pyake mit Tarasco khwáki (die entsprechende Chatinoform ist nicht belegt, wäre aber *kwake, *kwaki) offenbart den ursprünglich deskriptiven Charakter im Zapotec.

5.2.3.3. Die Länge der verglichenen Wortstämme

Kurze Sequenzen (CV, VC, V) sind beim Vergleich weniger aussagekräftig als längere (CVC usw.). Je kürzer die Sequenz, desto größer die Chance für den Zufall.

Die Länge der verglichenen Sequenzen muß auch in Bezug zur Frage der Segmentierung, also der internen Rekonstruktion gesehen werden (s. 5.2.1.).

5.2.3.4. Semantische Äquivalenz

Nur solche Vergleichspaare zählen, die in Laut *und* Bedeutung übereinstimmen (Greenberg 1966), eine Maxime, gegen die Greenberg übrigens selbst in eklatanter Weise verstößt (vgl. 3.1.3.1.).

In vielen komparativen Studien wird sehr liberal mit Bedeutungsangaben umgegangen (Doerfer 1973:41). Je liberaler die Bedeutungen aufgefaßt werden, desto größer ist die Chance, eine (zufälligerweise) lautlich ähnliche Form zu finden.

Arten semantischen Wandels

1. Synonymenschub: Verschiebung im Synonymensystem für einen Begriff: "stinken" ursprünglich "sowohl guten als auch üblen Geruch verbreiten", dann "üblen Geruch verbreiten", an seine Stelle tritt "riechen", ursprünglich "rauchen", das in dieser Bedeutung durch "rauchen" verdrängt wird, während "duften" die Bezeichnung des guten Geruchs übernimmt (Conrad 1981:265).

2. Totale Auseinanderentwicklung (Beispiele vgl. 5.6: Ader/nähen, rudern/graben).

3. Antonymische Polarisation von Bedeutungen: Aus "flach"/"breit" wird einerseits "dünn", andererseits "dick". Ein Beispiel (aus Swadesh 1953:227) in verschiedenen Salish-Varietäten: Chehalis p'iłł "thin" gegenüber Kalispel płil, Cœur d'Alene peł "thick".

Allgemeine Gesetze semantischer Entwicklung

1. Universale Tendenzen semantischen Wandels erwähnt Anttila (1972:147–8).

2. Anthropozentrische Sicht der Welt, Metaphernbildung:

"Sonne" als "Auge des Tages"; "Mond" = "Monat", "Sprache" = "Zunge"; bestimmte Bedeutungsentwicklungen gehen nur in eine Richtung, vgl. "quickly" > "immediately". Eine Klassifizierung semantischen Wandels ist in Teilaspekten möglich:

1. Restriktion: deer : animal > particular kind of animal; hound : dog > particular kind of dog; fowl : bird > domesticated edible birds (1972:148).

2. Extension: lat. panarium "Brotkorb" > frz. panier "Korb". Sonderfall: Entwicklung von konkreter zu abstrakter Bedeutung.

3. Wertung: pejorative (abwertende) vs. meliorative (aufwertende) Entwicklung.

4. Allgemein verbreitet ist die Herausgreifung und Betonung verschiedener Aspekte des gleichen Denotats: nhd. Gast, lat. hostis "Feind", beide aus *"Fremder".

Der Aspekt der Abhängigkeit semantischen Wandels vom kulturellen und geschichtlichen Kontext ist besonders zu beachten, wenn bei einem unerklärten semantischen Wandel offene Fragen bleiben. Die etymologische Forschung hat viele Fälle geklärt, nur weil zufällig historisches Zusatzwissen zur Verfügung stand (Anttila 1972:152).

Zum semantischen Gehalt der rekonstruierten Wurzeln der Protosprache

Trotz gewisser universaler Tendenzen ist es nicht möglich, semantische Entwicklungsgesetze aufzustellen, die speziell einer Sprache oder einer lexikalischen Sphäre zugehörig sind (Wald 1978:395).

Deshalb kann die ursprüngliche Bedeutung der Wörter in der Protosprache oft nur entweder als abstrakte Bedeutung aufgefaßt werden oder aber polysemantisch (durch mehrere Paraphrasen) wiedergegeben werden.

Eine exakte Rekonstruktion der Bedeutung des Wortes zum damaligen Zeitpunkt ist meist nicht möglich (s. 5.1.4.). Daher muß in jedem Fall separat möglichst viel Zusatzwissen herangezogen werden.

5.2.3.5. Grammatik und Lexikon

In bestimmten Fällen ist der rein lexikalische Ansatz unbefriedigend. Es ist problematisch, eine entfernte genetische Verwandtschaft allein auf der Basis lexikalischer Vergleiche, das heißt regelmäßig wiederkehrender Lautentsprechungen, zu beweisen. Denn auch Lehnwörter können regelmäßige Entsprechungen aufweisen (Goddard 1975:254-5, 261). Deshalb ist dieser Ansatz nur unbedenklich, wenn es sich bei den verglichenen Sprachen nicht um geographisch benachbarte handelt.

Wenn keine systematische Hypothese bezüglich des phonologischen Systems der Protosprachen existiert, wenn also keine historische Phonologie erarbeitet wird, kann man eigentlich auch nicht von Lautentsprechungen im genetischen Sinne sprechen.

Darüber hinaus ist es als ideal anzusehen, wenn sowohl lexikalische als auch grammatikalische Elemente verglichen werden können.

Aber auch wo grammatikalische Elemente (z.B. Pronominalelemente) verglichen werden, sollte eine Hypothese bezüglich des Gesamtsystems, in dem sie auftreten, erstellt werden. Hymes (1955, 1956) weist darauf hin, daß, wenn nicht nur die grammatikalischen Kategorien zwischen zwei verglichenen Sprachen übereinstimmen, sondern auch noch die Stellung, etwa im Verbkomplex, gleich ist und zumindest einige der entsprechenden Morpheme noch dazu identisch sind, diese Fakten von noch größerer Beweiskraft sind.

5.3. Lexikostatistik und Glottochronologie

5.3.1. Zielsetzung des Kapitels

Es geht hier nicht darum, die Methode in ihren Einzelheiten darzustellen (dazu genügt ein Hinweis auf die umfangreiche Literatur zu diesem Thema).[7] Es geht darum, die Grundlagen, auf denen sie beruht aufzuzeigen und die wichtigsten methodischen Schritte bekanntzumachen. Neben der Vorgehensweise soll vor allem das Material überprüft werden, das als Basis für die Untersuchungen dient.

Ein Abschnitt über "Lexikostatistik" oder "Glottochronologie" ist in jedem ethnologischen Lexikon und in vielen Nachschlagewerken zu finden. Schon deshalb ist es angebracht, sich mit der Problematik eingehender zu beschäftigen, zumal auf dem Weg über die Nachschlagewerke aus der Sprachwissenschaft nur die Ergebnisse dieser Untersuchungen in die Ethnologie hineingetragen werden, ohne daß der Ethnologe mit der methodischen Vorgehensweise vertraut ist, so daß er die Ergebnisse einfach akzeptieren muß, wie sie ihm vorgesetzt werden – wenn er sie nicht ablehnt, da ihm die Möglichkeit der Nachprüfung fehlt.

5.3.2. Begriffsklärung

Die beiden Begriffe, Lexikostatistik und Glottochronologie, werden oft synonym verwendet, obwohl sie nicht deckungsgleich sind. Die Bezeichnung "Lexikostatistik" läßt sich ganz allgemein auf statistische Wortschatzuntersuchungen für sprachhistorische Zwecke anwenden. Ansätze in dieser Richtung gab es schon früh (s. 2.2.).

Der Begriff "Glottochronologie", wie er heute gebraucht wird, bezieht sich auf eine Vorgehensweise, die in den vierziger Jahren entwickelt wurde und von Swadesh Anfang der fünfziger Jahre als neue Methode vorgeschlagen und popularisiert wurde (1950, 1952).

Auf der Grundlage der Ermittlung des Ausmaßes der lexikalischen Beibehaltung bzw. der Einbußen (Reduktion) im Grundwortschatz anhand der lexikostatistischen Listen sollte eine Chronologie, also eine zeitliche Abfolge sprachlicher Beziehungen aufgestellt werden. Das Hauptziel dieser Methode ist nicht nur die Bestimmung des relativen Alters einer Sprache bzw. des relativen Alters der verschiedenen Varietäten einer Sprachengruppe, sondern auch die realzeitliche Interpretation, also die Ermittlung des tatsächlichen Trennungszeitpunktes verschiedener Sprachen von einer gemeinsamen Vorstufe. Sie sollte also als Mittel zur "Rekonstruktion" der Geschichte von Sprachfamilien dienen.

5.3.3. Motive

Auf besonderes Interesse stößt die Glottochronologie bei den Versuchen, die Verwandtschaftsverhältnisse zwischen Sprachen zu ermitteln, die erst in jüngster Zeit bezeugt
sind, was z.B. auf die Indianersprachen zutrifft.

Ein Stammbaum, wie er konstruiert wird, um die vorhistorische Entwicklung einer
Sprachfamilie darzustellen, hat einen entscheidenden Nachteil. Er ordnet die rekonstruierten Sprachstufen einander nur nach Zeitrelationen zu. Absolute Aussagekraft kann
einer solchen relativen Chronologie nur dann zugesprochen werden, wenn es möglich
ist, datierbare Ereignisse mit bestimmten Abzweigungsstellen (Knoten) des Stammbau-
mes in Verbindung zu bringen (Bynon 1981:254).

Dies ist jedoch nur in den seltensten Fällen möglich, gerade in unserem Fall der Indianersprachen fehlen in der Regel datierbare historische Ereignisse.

> *"Wenn in einem solchem Stammbaum aufgrund externer Zeugnisse überhaupt
> kein Knoten absolut datierbar ist, dann bleibt das gesamte Konstrukt realzeitlich
> – das Medium, in dem sich Historiker gewöhnlich ausdrücken – uninterpretier-
> bar." (Bynon 1981:254)*

Deshalb wurde angestrebt, eine Technik der absoluten Datierung auf dem Gebiet der
Vorgeschichte der Sprachen zu entwickeln in Analogie zu den Methoden der Dendro-
chronologie und der C14-Methode, die zu dieser Zeit auf dem Gebiet der Vorgeschichte
erfolgreich angewendet wurden.

5.3.4. Methodische Prämissen

Gerade weil externe Anhaltspunkte zur Datierung fehlten, mußte nach internen Phänomenen gesucht werden, um einer realzeitlichen Datierung näherzukommen.

Zu den methodischen Grundvoraussetzungen gehörte zunächst eine äußerst einfache
Beobachtung, auf die Swadesh aufmerksam machte: Je größer der Grad der Verschiedenheit zwischen den Angehörigen einer Sprachfamilie ist, desto größer ist der zeitliche
Abstand, der sie von ihrem gemeinsamen Vorfahren trennt. Swadesh suchte nun nach
einem universalen sprachlichen Bereich, der sich in einem konstanten Tempo ändert. Ein
solcher Bereich würde es ermöglichen, den Verschiedenheitsgrad zwischen Sprachen zu
quantifizieren. Damit würde man über ein Instrument verfügen zur Festlegung der
Zeitspanne, in deren Verlauf die divergierenden Entwicklungen stattgefunden haben.

Ein solcher Bereich, " in dem sich (sprachlicher) Wandel mit gleichmäßiger Geschwin-
digkeit vollzog, vergleichbar dem Wachstum der Jahresringe...wo über das gesamte

Leben des Baumes regelmäßig verteilt ein Ring pro Jahr hinzuwächst, oder aber auch vergleichbar dem in jeder organischen Substanz enthaltenen Karbon14, das vom Augenblick seines Entstehens an in einem konstant abnehmenden Verhältnis abgebaut wird" (Bynon 1981:254-5), war nach Ansicht Swadeshs der Grundwortschatz. (Kritik an diesem Begriff vgl. 5.5.4.).

Die Methode beruht also nicht, wie etwa Panoff & Perrin (1982:124) schreiben, auf der *Beobachtung*, sondern auf der *Annahme*, daß ein bestimmter Prozentsatz des lexikalischen Bestandes einer jeden Sprache während eines gegebenen Zeitabschnittes regelmäßig eliminiert bzw. erneuert wird (ca. 20% in 1000 Jahren) und daß so die in verwandten Sprachen jeweils noch vorhandenen Wörter zur Datierung herangezogen werden könnten.

Zwei methodische Prämissen prägen also den Ansatz.

Erstens: die Postulierung eines "kulturunabhängigen" Grundwortschatzes, der Veränderungen von außen gegenüber relativ stabil sei, da es bei Bedeutungen wie "Wasser", "Feuer", "rennen", "fallen" kein Motiv zur Entlehnung der entsprechenden Bezeichnungen gäbe. Die Liste der Wörter, deren Bedeutungen sie als zum Basiswortschatz gehörig ausweisen sollten, war aber Schwankungen unterworfen und wurde z.T. drastisch reduziert (Hoijer 1956:50).

Zweitens: Die Veränderungsrate wurde als konstant angenommen, das heißt, das Ausmaß der lexikalischen Einbußen sei konstant und darüberhinaus in allen Sprachen gleich, so daß sich die Veränderungsrate berechnen ließe.

5.3.5. Zur Auswertung der Listen

Zunächst werden aus Sprachen, die als verwandt gelten oder angenommen werden, Standardlisten mit 100 bis 200 Wörtern zusammengestellt, die als wesentlich angesehen werden, dann wird der Prozentsatz der Wörter berechnet, die der lexikalischen Reduktion widerstanden haben. Daraus läßt sich die Zeitdauer bestimmen, während der eine bestimmte Sprache diesem Abnützungsprozess unterworfen war. Diese Methode wurde unter anderem an Material aus indogermanischen Sprachen erprobt, deren Veränderungen untersucht und ausführlich erklärt sind (Bynon 1981:257).

5.3.6. Kritik an der Gültigkeit der Lexikostatistik-Methode

5.3.6.1. Die Annahme der konstanten Veränderungsrate

Bereits die erste der beiden Grundvorraussetzungen für lexikostatistische Untersuchungen, nämlich die Annahme der konstanten Veränderungs bzw. Konservierungsrate im Grundwortschatz, ist eine unhaltbare Hypothese (vgl. Bynon 1981:258). Auf dieser basieren auch die Datierungen der glottochronologischen Untersuchungen, die häufig als unglaubwürdig zurückgewiesen werden, so z.B. von Trager (vgl. Bartholomew 1969:81), der die Ergebnisse der Zeittiefenberechnung für bestimmte Sprachen des nordamerikanischen Südwestens als "äußerst irreführend" ablehnt. Sogar grobe Schätzungen aufgrund von ethnologischem oder archäologischem Zusatzwissen werden als unter Umständen verläßlicher bezeichnet. Das Ausmaß der Veränderung bzw. Beibehaltung im Grundwortschatz ist erwiesenermaßen nicht in allen Sprachen gleich.

Lehmann(1969:99) weist darauf hin, daß etwa in einem armenischen Zigeunerdialekt, der die Grundstruktur des Armenischen zeigt, kaum mehr Wörter armenischen Ursprungs verwendet werden. Eine ausführliche Besprechung der Kreolisierung ist hier nicht möglich. In unserem Zusammenhang ist wichtig: Aus der Tatsache, daß das Ausmaß der Reduzierung in verschiedenen Sprachen ein und derselben Gruppe erheblich divergiert, zieht Lehmann den Schluß:

> "Wenn aber die lexikalische Beibehaltung in ihrem Zahlenwert differiert und dieser für jede einzelne Sprache neu fest gelegt werden muß, so wird die Allgemeingültigkeit der Glottochronologie aufgegeben..." (Lehmann:1969:99).

Hinzu kommt, daß es sich bei den Sprachen, die als Stütze für den angenommenen Prozentsatz der Elimination lexikalischen Materials (und die damit errechnete Zeittiefe) dienten, notwendigerweise um Schriftsprachen handeln mußte. Daher muß der Wandel, den sie durchgemacht haben, nicht derselbe gewesen sein wie bei Sprachen ohne Schrift.

Tovar & Faust (1976:241) weisen zurecht ganz grundsätzlich auf eine Analogie zwischen Kultur und Sprachwandel hin. Sprachwandel, wie jeder Kulturwandel, vollzieht sich nicht notwendigerweise mit einer konstanten Veränderungsrate pro Zeitabschnitt. Mit Recht bemerkt Doerfer (1973:21) in Bezug auf sprachliche Veränderungen:

> "Ursache sprachlicher Veränderungen können nur der Sprache selbst und den Sprechern immanente Faktoren sein; die Zeit verändert gar nichts, sondern nur in ihr verändert sich etwas. Sie gibt das Maß, nicht die Ursache der Veränderungen ab."

Wir werden gleich in eindrucksvoller Weise sehen, wie sehr diese Feststellung zutrifft. Denn die Geschichte einer Sprache ist auch eine Funktion ihrer Sprecher und kann oftmals nur unter Einbeziehung des sozialen Gesamtkontextes untersucht werden. Verschiedene soziokulturelle Bedingungen können zu umfangreichen Veränderungen und Ersetzungen im Lexikon führen. Daß auch der Grundwortschatz davon nicht ausgenommen ist, belegen die folgenden Beispiele.

5.3.6.2. Die Annahme der Stabilität des Grundwortschatzes

Tabubedingte Ersetzungen im Grundwortschatz

Bereits 1923 hatte Thalbitzer auf Tabuersetzungen im Basisvokabular ostgrönländischer Eskimo aufmerksam gemacht (1923:115).

Elmendorf machte 1951 den Vorschlag, die auffällige, enorme sprachliche Heterogenität an der Pazifikküste Nordamerikas (von Kalifornien bis Alaska), die bis dahin mit topographischen Gegebenheiten erklärt worden war (vgl. Swadesh 1950, Kroeber 1939: 172–3, 175–6), von einem kulturellem Gesichtspunkt her zu erklären, indem er auf seine Feldforschungen bei den Twana (Coast Salish-Sprachgruppe) hinwies:

> "It is the purpose of this paper to suggest that another, purely cultural, factor
> may have operated to increase the lexical diversity of at least some of the Coast
> Salish languages" (Elmendorf 1951:205)

Bei gewissen Coast Salish-Gruppen besteht das Tabu, den Namen einer verstorbenen Person auszusprechen; ein Bruch des Tabus stellt eine Beleidigung der Angehörigen dar.

Suárez (1970, 1971) macht an Sprachen der südamerikanischen Chon-Gruppe deutlich, daß hier die gleiche tabuistische Praxis herrschte: Wenn eine Person stirbt, sind sowohl deren Name, als auch alle Wörter, die ähnlich klingen (!), tabu.

Im Tehuelche gibt es für ein und dasselbe Objekt (z.B. head, hair, Suárez 1971:193) oft mehrere verschiedene Wörter. Hierbei handelt es sich nicht etwa um stilistische Varianten – Erzählungen traditionellen Inhalts wurden dahingehend untersucht – sondern um "absolute Synonyme".

In der Kultur der Tehuelche besteht außerdem die ausgeprägte Tendenz, Personen Scherzbezeichnungen zu geben. Diese werden aus allgemein gebräuchlichem lexikalischem Material gebildet (z.B. "big bottle" für eine dicke Frau). Um dem Tabu zu entsprechen, werden im Fall des Todes einer Person auch diese Spitznamen ersetzt, und zwar entweder durch deskriptive Ausdrücke oder durch ein Wort mit verwandter Bedeutung. Durch die häufige Verwendung als Ersatzwort wird in vielen Fällen der

Bedeutungsunterschied eliminiert, wodurch sich wieder Verschiebungen im Wortschatz ergeben (Suárez 1971:192-3).

Einen weiteren Fall beschreibt Goddard (1979:359-63): Die Überprüfung des Tonkawa-Materials von Berlandier und Chowell (1828-1829)[8] und von Hoijer (1928)[9] ergibt, daß von einer Liste von 18 Wörtern (die überwiegend zum Grundwortschatz gehören) 6 nahezu identisch geblieben waren,[10] trotz des Jahrhunderts, das zwischen Chowells und Hoijers Material liegt. Die übrigen zwei Drittel der Liste bestehen jedoch aus voneinander völlig verschiedenen Wörtern.[11]

Das jüngere Material besteht zudem – mit Ausnahme eines wahrscheinlichen Lehnwortes – aus klar erkennbaren Neuzusammensetzungen oder Ableitungen von Verbalstämmen. Dies legt bereits nahe, daß auch hier eine lexikalische Ersetzung stattgefunden hat, deren Erklärung nicht in rein sprachlichen Bedingungen, sondern in kulturellen Bedingungen anderer Art zu suchen ist. Die Erklärung findet sich – nach Goddard – in Gatschets Feldnotizen. Er berichtet von den Tonkawa:[12]

> *"They change the name of individuals who had nearly the same name as one deceased..." (Gatschet 1884:159-60)*

Gatschet bringt das Beispiel eines Mannes namens Nehátche, der seinen Namen in Tánu umändern mußte, weil eine Frau namens Natxa gestorben war. Ebenso wurde ein früheres Wort für "Gras" (nesh'háwnan yaxán, wörtlich "carrier food") ersetzt durch ekwansxa yaxán.[13]

Es steht also fest, daß es auch in der Kultur der Tonkawa die tabuistische Praxis gab, Wörter, die den Namen von Verstorbenen auch nur ähnelten, zu ersetzen.

Im Falle der massiven lexikalischen Substituition zwischen1829 und 1928 läßt sich sogar ein Datum ermitteln, das die Erklärung liefert:

Am 24. Oktober 1862 fielen 167 Tonkawas einem Massaker in Oklahoma zum Opfer (Goddard 1979:362-3, nach Wright 1951:251)

Tabuersetzungen im Grundwortschatz gibt es also vereinzelt bei kleinen Stammesgruppen auf dem amerikanischen Doppelkontinent.[14]

Ohne das Zusatzwissen um die Tabuersetzung würde man eine Trennung zwischen zwei verwandten Sprachen zu einem viel früheren Zeitpunkt ansetzen, als sie tatsächlich stattfand.

Coast Salish-Informanten konnten sich erinnern, daß diese Praxis während ihrer Lebenszeit zu einer permanenten Eliminierung einiger Wörter aus dem Basisvokabular geführt hatte.[15] Auch im Tehuelche ergibt sich eine konstante Erneuerung im Wortschatz auch im Grundwortschatz (Suárez 1971:193), der ja gerade für die Lexikostatistik und die darauf basierenden glottochronologischen Berechnungen als relativ stabil angenommen wurde. Tehuelche-Wortlisten, die über eine Periode von mehreren Jahren aufgezeichnet wurden, wiesen beträchtlichen lexikalischen Wandel auf, der innerhalb eines so relativ kurzen Zeitraumes normalerweise nicht zu erwarten war.

Im Falle der Chon-Sprachen wird ausdrücklich darauf hingewiesen (vgl. Key 1979:43), daß durch die anstelle der tabuisierten Formen neu eingeführten Synonyme die lexiko-statistischen Berechnungsgrundlagen völlig verfälscht werden.

Da Zusatzinformatonen , noch dazu so genaue, wie sie uns Gatschet und Wright für Tonkawa liefern konnten, wohl die Ausnahme bleiben werden, ist es durchaus realistisch anzunehmen, daß es auch solche massiven Substitutionen öfters gegeben haben kann, ohne daß wir sie als solche noch erkennen können.

Entlehnung im Bereich des Grundwortschatzes

Obwohl es grundsätzlich richtig ist, daß der Bereich des Grundwortschatzes gegenüber Veränderungen eine größere Resistenz aufweist als andere semantische Domänen des Lexikons, gibt es auch in diesem Bereich Fälle von Entlehnung. Lehmann (1969:99) berichtet, daß im südasiatischen Raum in einigen Kulturen Begriffe wie "Sonne" und andere Naturerscheinungen zum religiösen Grundwortschatz gehören, der in den betreffenden Sprachen nicht ererbt ist, sondern entlehnt wurde.

Tovar & Faust (1976:242) weisen darauf hin, daß in den romanischen Sprachen Wörter für "Arm" und "Bein" letzten Endes aus griechischen medizinischen Termini stammen.

Untersuchungen auf dem Gebiet der Indianersprachen speziell zu diesem Thema fehlen bisher.

Unerklärte Veränderungen im Grundwortschatz

Relativ häufig tritt in Indianersprachen ein Phänomen auf, auf das bereits Buschmann (1859:117) hinwies, als er seine Beobachtungen an den nördlichen utoaztekischen Sprachen beschrieb:

> "Wenn Nase, Zahn und so vieles ähnlich aztekisch an ihnen sind, warum ist es nicht Kopf? Wenn es Hand ist, warum ist es nicht Fuß? Wenn drei Elemente aztekische Wörter haben, warum auch nicht Erde? Wenn Mond, warum nicht Sonne?"

Ähnlich steht in je verschiedenen Quechua-Varietäten für "Regen" para neben tamya, für "Schnee" rit'i neben rasu, für "Wasser" unu neben yaku (vgl. Arguedas 1953:109) oder für "Stein" rumi neben čaqa (s.unten 5.3.6.5.). Diese Synonyme ergeben also große Unterschiede im Grundvokabular eng verwandter Varietäten, ohne daß diese Veränderungen auf eine offenkundige Ursache zurückzuführen sind. So ist nicht erkennbar, ob diese Unterschiede im Einzelfall auf Diffusion oder Substrateinwirkung oder auf eine Art lexikalischer Substitution zurückzuführen sind.

Sozial motivierte Veränderungen im Grundwortschatz

Herkunft aus verschiedenen Soziolekten, also verschiedenen, an bestimmte soziale Gruppen (bzw. kommunikative Situatonen) gebundenen Sprachschichten, kommt vielleicht letzten Endes in manchen derartigen Fällen in Frage: Sherzer (1983:27,35) zeigt, daß es zwischen den verschiedenen Soziolekten massive Unterschiede im Wortschatz, und gerade auch im Grundwortschatz gibt.

Für die Kuna-Sprache Panamas unterscheidet Sherzer mehrere Soziolekte wie "Everyday Kuna" (EK), "Kantule Language" (KL), "Stick-Doll-Language" (SD), "Chief-Language" (CL).

Es folgen einige Beispiele für Unterschiede zwischen den verschiedenen Soziolekten im Grundvokabular:

to drink : EK kope; KL puklu sae ("to use a drinking gourd")

to walk : EK nae; SD aypanne "to swing back and forth like a hammock, used to describe ritual specialists walking to the 'inna' house").

small   EK pippikwa; SD totokkwa.

leaves   EK kakan; SD mola ("blouse, shirt").

water   EK tii; SD wiasali; KL nukku kia.

eye   EK ipya; SD tala.

Bei diesen Beispielen sind zwei Typen Substitutionen für Ausdrücke des EK zu unterscheiden: Erstens Umschreibungen und metaphorische Bennenungen, die aus lexikalischem Material gebildet sind, das auch im EK verwendet wird ("drink" KL, "woman" CL, "leaves" SD, "water" SD), und zweitens völlig disparate Wortstämme wie "small" SD und "eye" SD.[16]

Soziolekte und Ritualsprachen sind etwa auch aus dem Bereich der utoaztekischen Sprachen (Hopi, Yaqui, Nahuatl, vgl. Hill 1983:269–72) und dem südamerikanischen

Callawaya vgl. Stark 1972:199-228)[17] bekannt. Wird nun das soziale Gefüge, auf dem solche Sozialvarianten beruhen, gestört oder bricht es gar zusammen, sind logischerweise auch große lexikalische Einbußen die Folge. Diese Störung im Sprachgefüge kann von "oben" her, also etwa durch die Aufgabe von Ritual- oder Sondersprachen, erfolgen, aber auch in umgekehrter Richtung, durch den Abbau der Alltagssprache.[18] Würde nun bei einer Auseinanderentwicklung zweier Varietäten in der einen die "Hoch-" oder Sondersprache und in der anderen die "Alltagssprache" weiterentwickelt, käme es zu einer starken Auseinanderentwicklung. Studien, die solche Vorgänge untersuchen, könnten vielleicht manche lexikalischen Besonderheiten, die synchron als Irregularitäten auftreten, historisch erklären.

Schlußfolgerung

Für die lexikostatistische Datierung ergibt sich jedenfalls daraus der Schluß, daß sich bereits im Bereich der Grundwortschatzliste, wie sie von Swadesh vorgeschlagen wurde, sehr wohl tiefgreifende Veränderungen abspielen können, deren Gründe Linguisten oder Ethnologen nicht immer für sich allein nachvollziehen können. Große Unterschiede im Grundwortschatz gibt es bereits innerhalb einer Sprachgruppe. Damit ist auch die zweite Grundvoraussetzung der Lexikostatistik, nämlich die Definition von Umfang und Stabilität des Grundwortschatzes, sehr stark in Frage gestellt.

5.3.6.3. Definition und Umfang des Grundwortschatzes

Beachtung der verschiedenen semantischen Konzepte

Nichterfassung leichter Bedeutungsänderungen

In die Wortliste der lexikostatistischen Untersuchungen werden nur Wörter aufgenommen, deren Bedeutungen sich genau decken (also z.B. Entsprechungen wie die zwischen engl. head/nhd. Kopf), nicht aber Entsprechungen etymologischer Natur, bei denen eine leichte Bedeutungsverschiebung stattgefunden hat (z.B. engl. head/nhd. Haupt; vgl. dazu Lehmann 1969:102).

Nichterfassung gravierender Bedeutungsänderungen

Erst recht nicht werden gravierende, aber eindeutig zu erklärende Bedeutungsverschiebungen erfaßt und in die Liste mit einbezogen, obwohl Polysemie im Lexikon eine überaus häufige und nicht zu leugnende Erscheinung darstellt.

Semantische Querverbindungen zwischen Sprachen, die sich plausibel auf solche Fälle von Polysemie zurückführen lassen, werden von der lexikostatistischen Liste nicht erfaßt und sind damit ungerechtfertigterweise und in unrealistischerweise Weise dem genetischen Vergleich entzogen. So bedeutet etwa Kuna ipya nicht nur "Auge", sondern auch "a hole (mesh) in basketry", "pool (in the river)"; pina bedeutet nicht nur "Leber", sondern auch "core (of plant), edible part"; im Nisenan (Maidun) ist hin nicht nur "Auge", sondern auch "any tiny seed"; Atakapa wol "eye" = "small fruit"; Tojolabal sat bedeutet "Auge", "Stirn", "Saatkorn"; im Miwok (Lake Miwok) ist redupliziertes síiwíi-siwi nicht nur "grün", sondern auch "blau" und gehört zu den deutlich davon (bzw. vom einfachen Stamm) abgeleiteten siwáa, síwwin "Galle" und síwak "Gras". Tarasco -šu- bedeutet sowohl "Arm" als auch "Flügel", ebenso wie Kuna sakkwa.[19] Beispiele dieser Art ließen sich aus dem vorliegenden Material beliebig vermehren.

Es ist daher oft unmöglich, eine exakte Wiedergabe der vom Englischen her definierten Bedeutungen in den indianischen Sprachen zu leisten: Häufig fehlen einfach die exakten Entsprechungen in den indianischen Sprachen. Tovar & Faust (1976:242) stellen zurecht die Frage, wie angesichts dieser Verhältnisse etwa die Distinktion zwischen "in" und "at" aufrechterhalten werden kann, die in der Grundwortschatzliste auftaucht. Wie kann ein Wort wie "dull" wiedergegeben werden? Und: In manchen Sprachen existiert keine Unterscheidung zwischen "Sand" und "Staub" oder "Gras" und "Blatt", wie z.B. im südamerikanischen Mataco.

Als Hoijer (1946:52–58) die Listenmethode Swadeshs übernahm und auf athabaskische Sprachen anwandte, stellte er fest, daß mehr als die Hälfte seiner Lemmata nicht in die Kategorien Swadeshs paßte. Im Navaho z.B. gibt es für "this", "that" fünf verschiedene Entsprechungen, von denen keine genau zu den Begriffen der englischen Liste paßte. Ähnliches galt für Nomina wie "tree", "seed", "grease" und für Verba wie "eat", "kill", "know".

Lexikostatistiklisten ignorieren die Tatsache, daß indianische Sprachen ein anderes semantisches Konzept aufweisen (vgl. Key 1979:19).

Berücksichtigung regionaler Gegebenheiten

Tovar & Faust (1976:241) schlagen (für Südamerika) vor, eine regionale Wortschatzliste anzulegen. Wörter wie Schnee oder die Unterscheidung zwischen "Meer" und "Fluß" existieren in vielen südamerikanischen Sprachen nicht. Dennoch wird deren Existenz in Swadeshs 200er-Liste vorausgesetzt.

Campbell (1979:957–8) erwähnt die weite Verbreitung semantischer Dubletten, die speziell für den mesoamerikanischen Raum typisch sind, darunter "root" = hair (of tree)", "egg = stone (of bird)", "river = water", "gall bladder = bitter", "moon = grand-mother". Ein weiterer, typisch mesoamerikanischer Zug sind bestimmte Komposita: Ihr Auftreten bewirkt, daß für manche englischen Begriffe keine Eins-zu-Eins Äquivalente im Sinne der Grundwortschatzliste existieren, da für viele Begriffe Zusammensetzungen sustituiert werden: So z.B. steht für

door	mouth of house
bark	skin/back of tree
well	eye of water
eye	fruit/seed of face
fruit	eye of tree
knee	head of leg usw.

Dieses Verfahren der metaphorischen Lexembildung (Kaufman 1973: 477) ist in Mittel- und Zentralamerika außerordentlich häufig anzutreffen. Eine Berücksichtung solcher regionaler Gegebenheiten könnte die starren Möglichkeiten einer Wortliste erweitern und flexiblere Vergleichsmöglichkeiten eröffnen.

Erweiterung des Grundwortschatzbegriffes

In den bisherigen Beispielen ging es in den meisten Fällen um Bedeutungen, die sich im vorgegebenen Rahmen des als solchen definierten Grundwortschatzes bewegten.

Aber auch dem laienhaften Beobachter drängen sich natürlich Fragen auf, warum willkürliche Ausklammerungen vorgenommen wurden, die durch nichts gerechtfertigt erscheinen. So z.B., warum etwa "Leber" in der Liste auftaucht, nicht aber "Galle". Selbstverständlich ließe sich auch diese Aufzählung endlos fortsetzen; es genügt aber der Hinweis, daß ja bereits bei den verschiedenen Vorschlägen für Grundwortschatzlisten (Swadesh 1952, 1955, 1971, Gudschinsky 1956, Rea 1958) eine erhebliche Bandbreite besteht, was den Umfang der Lemmata angeht.

Vor allem aber ist durch nichts zu rechtfertigen, daß Tätigkeiten wie "rudern" oder "nähen" (letzteres fehlt in Swadeshs 100er-Liste von 1971) – für die es ja auch im indogermanischen Bereich alte Bezeichnungen gibt – und andere Tätigkeiten und Gegenstände vom Grundwortschatz ausgeschlossen werden sollen. Von manchen dieser Tätigkeiten und Gegenstände weiß schon der Laie, aber erst recht der Archäologe oder Ethnologe, daß sie dem unmittelbaren Erfahrungsbereich angehören oder nach Ausweis der Forschung Jahrtausende alt sind.

Einbeziehung von "Kulturwörtern"

Unter Hinweis auf die für die Geschichte der indogermanischen Völker und Sprachen wichtigen Kulturwörter (zitiert werden "Kuh", "Schaf", "Pferd", "Erz", "Pflug", "Birke", "Lachs") plädieren Tovar & Faust (1976:243-3) dafür, den "kulturellen Wortschatz", den Swadesh nicht in seine Liste aufnimmt, bei lexikostatistischen Untersuchungen ebenfalls zu berücksichtigen. Wenn Wortähnlichkeiten zwischen zwei oder mehreren Sprachen nicht auf dem Gebiet des Grundwortschatzes vorhanden sind, sondern nur bei Kulturwörtern, liegt sehr wahrscheinlich lexikalische Diffusion vor. Den kulturellen Wortschatz jedoch ganz auszuklammern, nimmt uns vielleicht die Möglichkeit, wichtige Einblicke in genetische Verwandtschaftsbeziehungen zu erhalten.

Überhaupt ist wohl die scharfe Trennung, die Swadesh zwischen "non-cultural words" und "cultural words" machte, nicht aufrechtzuerhalten. Kulturwörter können zum genetisch verwandten Grundwortschatz gehören, "kulturunabhängiger" Wortschatz kann entlehnt sein oder, wie wir oben Seite 5.3.6.2. gesehen haben, durch kulturelle Faktoren verändert und eliminiert werden (vgl. Tovar & Faust 1976:242):

> *"Even "non-cultural" words are undoubtedly culturally determined, and it depends on the culture if one or other word is substituted by a loan word."*

Im indianischen Bereich wären, was Kulturwörter betrifft, landwirtschaftliche Termini interessant, etwa die Bezeichnungen für kultivierte Pflanzen wie Mais, Bohnen, Kürbis oder für die wenigen domestizierten Tierarten wie den Truthahn. Systematische Untersuchungen in diesem Bereich gibt es nur wenige. Es sei hier verwiesen auf Safford 1917, Whiting 1939 und Dedenbach-Salazar Sáenz 1985 sowie auf die Bibliographie in Whitaker 1948.

Auf ein bislang nicht untersuchtes Beispiel sei hier abschließend aufmerksam gemacht. Die Bezeichnungen für verschiedene Varietäten des präkolumbianischen amerikanischen Kürbis (Lagenaria siceraria) und daraus hergestellte Gebrauchs- und Ritualgegenstände in Mittel-, Zentral- und Südamerika sind in einigen Sprachen dieses Raumes sehr ähnlich: Tarasco puru squash, Kuna uapul (ua = Fisch) fish vessel, tipulu, tipur (ti = Wasser) water-calabash, shell of the napa-fruit; name of the principal part of the gourd rattle; daneben auch purupuru usw. "eßbare Pflanze: granadilla (passiflora sp., a climbing vine and its fruit)" (Holmer 1952); Quechua puru "calabash", pulu "gourd dish".

Als weiteres Beispiel aus diesem Bereich ließe sich noch anführen Kuna puilu (normal aus puklu – diese ältere Form existiert gleichbedeutend neben puilu) "Eß- und Trinkgefäß aus einer Kalebasse", Tarma Quechua pukru "Vertiefung, Aushöhlung", Ayacucho pukru "ausgehöhlt, konkav"; pukru- "to hollow out (especially for use as a container)".

5.3.6.4. Fehlen einer historischen Phonologie

Olmsted (1961) weist darauf hin, daß Swadesh die notwendige Erarbeitung einer historischen Phonologie aufgegeben hat, die die Grundvoraussetzung für den Nachweis eines genetischen Zusammenhangs beim Sprachvergleich darstellt. Beim lexikalischen Material hält man sich somit nicht mehr an regelmäßige Lautentsprechungen, sondern hält sich an eine "rule of similarity" (Kritik daran vgl. z.B. Dyen 1960). Bei der Bewertung formaler Ähnlichkeiten stützt man sich also auf Intuition, nicht auf Rekonstruktion (vgl. Bynon 1981:259). Ähnlich bezeichnet Key (1979:15) die Methode Swadeshs und Greenbergs beim lexikalischen Vergleich als einfache "inspection".

> *"(Swadesh) clings to the notion that statistical procedures can somehow compensate for the omission of historical analysis...*

Auf jeden Fall gilt:

> *"no statistical results deriving from a procedure that uses cognates as data can be any more accurate than the method of judging cognacy" (Olmsted, 1961:10)*

Beispiel: **Untersuchung der Materialbasis für den lexikostatistischen Vergleich zwischen Tarasco und Quechua**

Lexikostatistische Datierung (Glottochronologie) zwischen zwei oder mehreren Sprachen und die darauf aufbauenden ethnologischen Schlußfolgerungen sind *bestenfalls* so gut wie das verglichene lexikalische Material, das ihr zugrunde gelegt wird. Im Folgenden wird die Materialbasis, die Swadesh (1967) gewählt hat, um die zeitliche Distanz zwischen zwei Sprachen des hypothetischen Macro-Quechuan-Phylums (innerhalb des Macro-Penutian-Stamms zu errechnen, einer genauen Überprüfung unterzogen. Seine Ergebnisse, die sich auf mehrere Sprachen dieses Phylums beziehen (und die veröffentlicht sind im HMAI, das von Ethnologen als Standardnachschlagewerk benützt wird), faßt er folgendermaßen zusammen:

> *"Lexicostatistics confirms the isolated status of Tarasco, for counts attempted with various other languages have shown no affinity at less than about 45 mc. of divergence, the figure found with relation to Zuni to the north and with Quechua to the south. These more distant relationships place Tarasco in the phylum we have called Macro-Quechuan...*
> *The affinity of Tarasco with Quechua and Aymara is reflected also in structure, since all of them show pronounced developoment of suffixing and some agreement in the kinds of suffixes used. In the field of phonetics,it is interesting to note that Zuni has glottalized stops alongside the simple, Tarasco has aspirates, whereas Keresan, Quechua and Aymara use all three. Presumably the triple contrast is archaic, whereas Tarasco and Zuni have each eliminated one of the types...*
> *The closest affinity so far observed between Tarasco and Macro-Mayan languages is that of Tarasco-Matlatzinca, with a count of 57mc. If this is at least approximately correct, the inference is that Tarasco anciently was in less intimate contact with Otopamean languages than with Zuni and Quechua..."*
> *(Swadesh 1967:92)*

Dies ergibt, so scheint es, ein stimmiges Bild der Verwandtschaftsverhältnisse und der relativen Chronologie.

Betrachten wir uns Swadeshs Ausgangsmaterial für seinen Vergleich Tarasco-Quechua, das er zusätzlich mit genauen Prozentzahlen versieht, was die Relation der Entsprechungen betrifft, die sich speziell zwischen den drei Sprachen Tarasco, Quechua und Zuni finden lassen:

> *"We list below the words of Quechua and Tarasco which were counted cognate in obtaining the index the divergence. Zuni forms (marked Z.) are given, where they appear to be also cognate.*
>
> *It is interesting to note the proportion of threeway agrements, which come to 7 per cent. With about a fourth cognates Quechua-Tarasco and the same amount of Tarasco-Zuni, one would expect one-sixteenth to agree in all three, and the actual amount practically coincides with the expectable."* (Swadesh 1967:93)

N^0		Quechua	Tarasco
01	what	ima	emánka
02	no	mana	ámpi
03	many	as-kha	kani-
04	woman	war-mi	walí
05	root	saphi	sɨránka (Z. łakwimo)
06	small	hu-c'u	sapí (cʔa-)
07	skin	qara	sɨ -kwiri (cʔikkwa)
08	blood	yawar	yulí-ri
09	grease	tika	tepári
10	horn	waqra	sɨ -wankwa
11	tail	cupa	chéti
12	feather	pura	phunkwári
13	mouth	simi	pen-cúmi-
14	tongue	qalu	katámpa (Z. honni)
15	teat	k'in-cu	icu-
16	die	wañu-	wáli-
17	kill	wañu-ci	wán-ti-ku
18	come	hamu-	hula- (Z. ʔi)
19	say	ni-	alí-
20	moon	kila	kukála
21	star	quylur	hós-kwa
22	hot	q'uñi	holé- (Z. kʔałi)
23	burn	kana	kulí (cf. Tar. khali-, Z. kʔusa 'dry')
24	road	ñañ (*šnan)	šangáru (Z. ʔona-)
25	white	yura	urá-
26	night	tuta	cúri- (Z. tehłi-)
27	cold	ciri	cira- (Z.tec'e)

Die folgende kritische Analyse dieses von Swadesh vorgelegten Materials bezieht sich nur auf Quechua und Tarasco und läßt Zuni (sowie Keresan, Aymara und Otopamean, für die Swadesh kein Material vorlegt) unberücksichtigt.

Kritische Analyse der Swadesh-Liste (Vergleich Tarasco-Quechua)[20]

Unrichtigkeiten

Die angeführten Formen enthalten einige Unrichtigkeiten: Durchgehend steht Qu. l statt richtig ɫ, Tar. l statt richtig r, um die betreffenden Formen "vergleichbarer" zu machen.

Nr. 12: Qu. pura statt richtig puru.

Nr. 20: Tar. kukála läßt sich in der Literatur nirgends auffinden. "Mond" heißt kuci (mit -ci- "oben") oder, redupliziert, kuku-ti (ti ist nominales Suffix).

Segmentierungen

Die interne Rekonstruktion ist nicht geleistet. Vor allem werden elementare Wortbildungsregeln nicht erkannt oder ignoriert:

a) im Tarasco:

Nr. 07: sɨ-kwiri (richtig: sɨkwi-ri)

Nr. 10: sɨ-wangkwa (richtig: sɨwang-kwa) (-ri- bzw. -kwa- sind nominale Suffixe) sind willkürlich völlig falsch analysiert. Es handelt sich um ad hoc vorgenommene Segmentierungen, um den jeweils zweiten Teil mit Qu. qara bzw. waqra vergleichen zu können (der erste Teil bleibt in beiden Fällen ohne Erklärung). Selbst dann ist aber keine plausible oder gar regelmäßige Lautentsprechung zu erkennen.

Nr. 11: chéti ist dagegen zu segmentieren: ché-ti- (vgl. oben kuku-ti)

Nr. 13: pen-cúmi- ist willkürlich völlig falsch analysiert: es läßt sich nur penču-me-kwa analysieren (-me-, -mi-"Mund").

Nr. 17: wán-ti-ku-ist falsch analysiert. Richtig: wa-ndi-ku (von wa-"schlagen" abgeleitet, Friedrich 1971:301)

Nr. 20: kukala: Obwohl nicht segmentiert, soll hier wohl eigentlich ku-kala (analog zu Nr. 07 und Nr. 10) stehen, um -kala mit Qu. kɨla vergleichen zu können. Die Tar.- Wurzel ist aber *ku-, s. oben.

Nr. 23: kuri- hat mit khari- nichts zu tun: Wechsel u zu a ist in dieser Position (als Wurzelvokal) nirgends belegt.

b) im Quechua

Nr. 03: as-kha ist willkürlich analysiert, das angebliche Kompositum bleibt völlig unerläutert. Eine diesbezügliche Erklärung fehlt zwar, aber offensichtlich sollte -kha mit Tar. kani- verglichen werden. Bedeutungsträger könnte aber nur, auch im Falle einer korrekten Segmentierung, Qu. as- sein.

Nr. 04: willkürlich analysiert ist war-mi. Es gibt keinen einzigen internen Hinweis (übrigens auch keinen externen), der eine derartige Segmentierung rechtfertigen würde.

Nr. 15: k'in-ču könnte so richtig analysiert sein (aufgrund entsprechender interner Parallelen), aber der Stamm *k'in- hat nichts mit Tar. icu- zu tun.

Keine Regelmäßigkeit bei den externen Lautentsprechungen

Der Rest der Vergleiche soll hier nur ganz kurz abgehandelt werden. Selbst wenn Nr. 06: hu-ču richtig analysiert sein sollte, wofür nichts spricht: *hu hat natürlich nichts mit sapí zu tun. Ebenso entbehrt es jeglicher wissenschaftlichen Grundlage, Wörter wie Qu. quylu und Tar. hos-, Qu. hamu- und Tar. hura- oder Qu. askha und kani- (daneben übrigens auch wani-) zu vergleichen, zumal sich auch nicht die Andeutung einer Regelmäßigkeit bei den Lautentsprechungen erkennen läßt.

Swadesh gibt zu seinem Vorgehen bei der Rekonstruktion keinerlei Erklärung. Olmsted (1961:12) bemerkt zu einem ähnlichen Vergleich Swadeshs zwischen "Macro-Manguean"-Sprachen, daß man die unwahrscheinlichsten Korrespondenzen bei den Kognaten akzeptieren könnte, wenn die Korrespondenzen regelmäßig wären, aber sie sind es ganz klar nicht. Damit befinden wir uns aber auf vollkommen unwissenschaftlichem Terrain. Warum, so könnte man fragen, wird nicht etwa auch in unserem Beispiel Nr. 05: Tar.si-rangka analysiert, analog zu Nr. 07 und Nr. 11?.

Noch einmal Olmsted zu den "Macro-Manguean"-Sprachen Mangue und Subtiaba:

> *"If ña and isi are taken to be cognates, what could conceivable have been the reason for excluding the other 61 pairs?"* (1961:12)

Allgemeine Bemerkungen zur Methodik

Ein paar Worte zum Verständnis dieser vom methodischen Standpunkt her katastrophalen (im wahrsten Sinne "unglaublichen") Vergleiche sind nötig.

Swadesh vertritt die Hypothese (die hier gar nicht in Frage gestellt werden soll), daß alle Indianersprachen einen gemeinsamen Ursprung haben. Von dieser Feststellung ausgehend, kommt er zu dem Schluß:

"If this is correct, there can be no problem as to whether the languages in question are interrelated but only as to degrees of relationship among them"
(Swadesh 1960:79)

Dazu kommt wohl auch die auch anderswo zu hörende Meinung, daß es nicht viel Sinn habe, Lautgesetze aufzustellen, weil entfernt verwandte Sprachen gewaltige lautliche Veränderungen durchgemacht haben können.

Der Eindruck trügt also nicht, daß diese Zusammenstellungen ad hoc gemacht wurden, um einen vorausgesetzten genetischen Zusammenhang im Zirkelschluß "aufzuzeigen".

Sehr negativ wirkt sich auch die mangelnde Kenntnis der Sprachen aus. Sie zeigt sich in unserem Fall besonders in der willkürlichen Abtrennung von Morphemen.

Ferner ist ganz klar zu erkennen, daß trotz reich vorhandenen Materials die Suche nach lexikalischen Entsprechungen zu unsystematisch vorgenommen wurde. Ja, es wurden sogar mögliche Entsprechungen im Grundwortschatz übersehen (s. 5.3.6.5.).

Schlußfolgerungen

Das bedeutet: Nur zwei von Swadesh aufgeführte mutmaßliche Entsprechungen zwischen Quechua und Tarasco können Plausibilität beanspruchen: Nr.1 ima "what, which; thing"/emanka "what" (ema- "that" + enka "which", vgl. Friedrich 1971:313) und Nr.27 cira-/čiri "cold".

Dies wiederum bedeutet, daß sowohl die Zeitabstandsberechnungen als auch die Plazierung der Sprachen untereinander sowie die Berechnungen der Prozentzahlen der Entsprechungen zwischen Tarasco-Quechua (und Tarasco-Quechua-Zuni) völlig irrelevant sind, da ihnen aufgrund einer realistischen Vergleichsmethode (d.h. strengere Maßstäbe auf der Grundlage allgemeiner Prinzipien der komparativen Methode, aber auch schon allein die Beachtung interner Gegebenheiten der jeweiligen Sprachen) die Argumentations- und Berechnungsgrundlage offensichtlich entzogen ist.

Schlußfolgerungen können nur gezogen werden, wenn das zugrundegelegte Material stimmt. Auf unseren Fall bezogen bedeutet dies: Sämtliche für den Ethnologen und Historiker wichtigen Schlußfolgerungen sind, aufgrund der falschen Ausgangsbasis, irrelevant. Das scheinbar so stimmige Bild bricht in sich zusammen.

Selbstverständlich können die zwei mutmaßlichen Übereinstimmungen Nr.1 und Nr.27 für sich allein noch nicht einmal einen irgendwie gearteten historischen Zusammenhang nahelegen, geschweige denn beweisen, da sie (aufgrund ihrer geringen Anzahl) auf Zufall beruhen können.

5.3.6.5. Revidierter lexikalischer Vergleich Tarasco-Quechua

Bei einer – nur halbwegs systematisch durchgeführten – Untersuchung zum Lexikon der Tarasco und Quechua-Varietäten stellt sich nun kurioserweise heraus, daß es sehr wohl möglich ist, zwischen Tarasco und Quechua nahezu identische und regelmäßige Entsprechungen in großer Zahl zu finden.

Ein Teil dieses Materials soll hier kurz vorgestellt werden. Es setzt noch kaum gravierende Lautwandelerscheinungen voraus. Selbst dort, wo Irregularitäten auftreten (die übrigens nicht gravierender sind als bekannte interne Irregularitäten zwischen Quechua-Varietäten und zwischen Tarasco-Dialekten) wird man diesen Vergleichen auf Anhieb größere Plausibilität zusprechen müssen.

Es liegt auf der Hand, daß die Menge dieses Materials (sollte es sich durch systematische Untersuchungen als zurecht verglichen herausstellen) bereits völlig andere Grundlagen und damit völlig andere mögliche Schlußfolgerungen bietet.

Außerdem geht es hier noch nicht, wie bereits erwähnt, um komplizierte Fälle von Lautwandel, so daß bei einer entsprechenden Theorie das Material durchaus anwachsen könnte um Fälle, die ohne diese Theorie heute noch nicht erkennbar sind.

Tarasco[21]	Quechua
1. caka-pu Stein, caka-caka-ra-nto steinig, felsig; steiniger, felsiger Ort (rdp.)	SPC. čaqa steinig, felsig; stony spot in the soil čaqa-čaqa scattered stones (rdp.)
2. čar-a split or break open on the surface, usually from a blow	Ayac. čaĺ-u cracked, shattered (small or thin things) čaĺ-u- to crack, shatter (intr.) Huaylas caĺ-u- to shatter Cuzco čhaĺ-u-zerbrechen
3. ciki- to fatten, grow (of plants) grow over again (-nta) ciki-ciki-hku-ra-ni "have a good hand", in that the branches sprout again after pruning. Gegenteil: warihkurani "to have a heavy hand", in that branches do not grow again, after you have pruned a tree (w.: "to die")	Ayac. čik-ĺi- to sprout after having been cut
4. cir-a- to cool, as of a tortilla Daneben (mitch): chir-a- to be cold, cool down (of the evening breeze), cool, become cooled chir-i- to congeal, coagulate chiri-chiri-ngari- to tremble all over, as from chill	Ayac. čir-i- cold, be cold; make cold (weather acting), feel cold, feel a chill, čiri-ya-, Apurimac: čir-ya- become cold, freeze with fright Imbab. čiri cold, čiri alpa highland Boliv., Ecuador, čiri cold

5. cur-a-,cur-e-,cor-a- to leak, to drip; chor-e- (mitch-) ds., cure-n-cure-ru (-ru- "Nase") Schnupfen haben

Ayac. čuĩi a cold, a catarrh čuĩ-u- to melt, čuĩu-ĩu-ĩu- to give off water in various spots, to run (of sores) Tarma čul -ba to wash, to rinse, to wet one's face, čul-ču-to drip, to sweat Cuzco č'uĩi Schnupfen, Katarrh

6. čuri-ngari vor Kälte erstarrt (ngari "Gesicht")

Boliv. čuĩu Eis, čuĩu- to be freezing SPC. čuru Eis,čuru- to be congealed, to freeze

7. čut-i- hunched over, legs contracted, bent in, čot-o- to lack a point or normal prominence

Ayac. čutu short

8. tiri-tiri-ndi the yellow gloaming as it is spread over the land; to be late afternoon, time of gloaming, tiri-pu-ra-reif werden (vom Mais), tiri-pu ein gelbes Kraut, tiri-pe-ti Gold; tiru-ngari gelb im Gesicht

SPC.tiri yellow

9. tir-i-ma- Wasser aus einem Brunnen ziehen; thir-a-ta- (mit th) sich lange hinziehen (von der Zeit)

SPC. tira- to pull out Cuzco-Collao t'ira- mit der Wurzel herausziehen

10. tis-i- to have sparse hair, tisi-me bärtig sein, tisi-mi-ku, tisi-me-kwa Bart, tisi-ru-kwa Haare der Nasenlöcher, tisi-tisi-ra-s haarig, wollig

Ayac. tis-a- Wolle kämmen Ecuad. tis-a-Wolle kämmen

11. tuku- aufhören, beenden

Ayac. tuku- to finish, end; come to an end, be finished, tuku-q ending, finale Boliv. tuku- finish, end, complete

12. tukuri, tukuru Uhu (bubo virginianus)

Ayac. tuku a kind of large owl; daneben die alte Form tukuru aus der Provinz Cuzco (Kelm 1968, S.1167)

13. thuru-me sich beschmutzen thuru-me-nte-ni Pfütze, schmutzige Stelle, thuru-me-nto schwammige Stelle

Cuzco t'uru Lehm, Schlamm, Schmutz

14. phaka-a- to hide (-a-: central bounded, basic; Friedrich S.15)

Ecuad. paka secreto, oculto Ayac. paka-, SPC. paka- to hide, Boliv. paka- to hide, conceal SPC. paka treasure, hidden money

15. phuku- grow, ripen; fat,swollen — Ayac. puqu mature, ripen (i.), puqu-y maturation, rainy season, puquy-puquy well-matured, robust SPC puq-ri be overripe

16. phar-a- to roll up, twist, coil, phara-ku to twist or roll tight — Boliv. phar-i- den Faden rollen, drehen, spinnen

17. pat-u-hku einen Riß in der Hand haben, pat-u-ndu einen Riß am Fuß haben, pat-ašu-ku to scratch another's arm pat-u-h-ci-ku-ni to scratch one's knee-cap, pat-u-ndu einen Riß am Fuß haben, mit ph: phat-u-ngari- ku-ni to scratch — La Paz phat-a- platzen, bersten, aufreißen, phata reventado, rajado

18. pič(u- to crumble — Tarma picu-fall apart, crumble, decompose

19. phir-i- to turn over by myself/itself, phiri-tku-ni turn something over, phiri-kwa-ri-ni turn over, capsize; daneben: phiru-a-ni to spin, to thread (-a- "central, bounded, basic") — Tarma pil-ta- to braid, plait pil-ašta- to fall on one's face; SPC. pil-qu- to curl (oneself) up, to coil (itself up); daneben: pilu-tu- to run in circlets (like a dog), to wallow, to welter, pilu- to wind, roll up, piru-ru spinning wheel, Huanca pilu-lu, Cuzco phiru-ru whorl Ecuad. pīlu- envolver, pīlu-ri- en- roscarse

20. pis-pis-a-ngari sehr schwach sein,nur Haut und Knochen — Ayac. pisi- tr. to diminish, run out pisi-sqa run out, exhausted, pisi-pa to tire, pisipay sehr müde, erschöpft

21. pure- irgendwohin gehen pure-waku-ra über Land wandern pure-ra-ma- zur Türe hinaus gehen, mit ph-: phure-, phore- go visiting — Ayac., Boliv. puri- to walk, travel, walk through, wander, roam Ancash-Huailas puri- caminar, pure-q el que camina Junin-Huanca puli- gehen, Tarma puri- to walk (about), Tarma, SPC. puri-š gadabout, ambulatory = Tarma puriš cagi, puˀli caki (c."Fuß") puri-kuna road, path.

22. puru-a- to boil — Ayac. puˀl-puˀl-ya- make the sound of boiling, Tarma pul-ya- to bubble (boiling water)

23. puru- squash (cucurbita pepo L.)

Cuzco-Collao poro Flaschenkürbis (Lagenaria, sp.) mate, vasija hecha de un tipo de calabaza, Tarma, SPC. puru gourd, calabash, SPC. puru-kšu an edible plant: Passiflora mollissima, Imbab. išpa puru (i."urine") bladder, Ancash-Huailas puru un tipo de recipiente de calabaza, puru-puru, puru-š, granadilla, Ayac. puru, poro gourd, ispay puru bladder, puru-puru granadilla (a climbing vine and its fruit: passiflora, sp.) pulu a type of gourd dish

24. kara-h-pi-ngari-ni be inflamed, infected, as of a face, kara-h-pi-ni be(come) inflamed, as of a boil, kara-mi-ku the sap of a cactus, which causes considerable itching.

Cuzco k'ara brennenden Schmerz empfinden/ verursachen, k'ara-q brennend, schmerzend, scharf, beißend

25. kaka- to break something, kaka-ta to break fallow soil with a plow, kaka-r-pi-ku to give birth, referring to the actual partition, kaka-ngari-ku-ni break another's cheek bone

SPC. kaka- to cut open the throat a freshly killed hen

26. kara-ce-ti ruhig, kara-kara-ru-pa vom Schlaf überwältigt sein, übermüdet sein

Cuzco kari- und qari- müde sein

27. karo-hpa jäten, karo-hpa-ti der Jäter

Boliv. karu- graben

28. karu- to break, tear, rupture (of two-dimensional things) Daneben: aru- divide,partition

Ayac. qaru- to break (utensils) (tr.)

29. kaca to be pockmarked

Ayac. qača dirty, sloppy, scabby, messy, qača-ču a scab

30. kaca- to bite (in general)

Tarma, SPC. kac-u- to chew, bite Ayac. kač-u- to bite, to chew (of persons), Cuzco-Collao khač-u- comer, morder frutos semiduros

31. kit-i- to rub hard, as on clothes, or when massaging

Cuzco qhit-u- aneinander reiben (Gegenstände), mit etw. reiben, scheuern

32. kumpu Hügel, Schwellung, Beule

Boliv. qhompo Hügel, Beule

33. khunču be crooked, twisted Daneben: Ayac. unču to contract the limbs, squat,
khunci be out of line, crooked, go zigzag walk awkwardly

34. kuruhku einarmig (-hku- "hand, wrist, Ayac. quru clipped, with the end cut off,
finger") kuru-ndu einbeinig (-ndu- "leg, Boliv. qhoro verstümmelt
foot")

35. kuru-kwa-ro Brachland (ro "Ort") Boliv. k'ur-pa clod of earth Ayac. kur-pa
mud ball, lump of earth, Tarma kur-ba clod,
lump of earth, kur-ba-ku- become lumpy
(of earth), SPC. kur-pa fallowed earth,
kur-pa to fallow, kurpa maki (m. "hand")
lazy person, person unable to work

36. kuru- verdreht (twisted) Ayac. kuru- to wind up (thread, yarn)
kuru-ra wind into a ball, kuru-r ball of
wool, clew

37. kuna- to swallow, kuna-kwa throat Boliv., Ayac. kun-ka neck, throat

38. kutu- knorrig, knotig werden, Cuzco q'oto Geschwulst am Hals, Kropf,
Verdickung, Auswuchs bekommen Drüsengeschwulst, Kropf der Vögel, Ayac.
(von Gräsern, Halmen) kutu-kwa qutu Kropf, qutu- mit der Hand Erde um
Vögel, Knoten, Verdickung, Knorren, Pflanzen anhäufeln SPC. qutu tumour in
Auswuchs the neck; pile, heap, qutu to pile up,
accumulate Imbab. kutu adam's apple

39. kutu- to cut off (the tops of corn plants) Boliv. k'utu- cut with scissors or scythe, La
Paz-Cochab. k'utu- cortar (un arbol, con
tijeras) Tarma kutu- schneiden, Ayac. kutu
cut off at the base, kutu- to cut off (anything
protruding), shorten by cutting

40. nini- to burn (tr.) Ayac. nina fire, flame

41. siri-ku-ni to sew, siri-a-ni (-a- "central, Cuzco sira- nähen Ayac. sira- nähen
bounded, basic") sir-a- aneinander
geheftet sein, sir-i-ma- Gewebe
anzetteln, sir-u-ce- einbinden

42. sipi- to stink (intr.), to smell (trans.); Zur Ayac., Anc. supi- to fart, supi fart
Alternation i/u vgl. ciru- = curu- to slip

43. šu- green; esp. in šu-nga-pi-ti green, redupliziert: šušung -hasi very green, šušuha -ngarini green all over the face, šu-nga-mara-ni to taste (m.) unpleasant, as of unripe fruit, vegetables. Dazu: šušu-ra-ni have the arm (šu) fallen asleep, stiff, šu-hku-ra-ni have one's hand (-hku-) get stiff, numb

Ayac. susu-n unripe, at a preripe stage, be picked to ripen at home (unreif = grün). Offenbar eine reduplizierte Bildung. Davon: (Parker 1969:199, zu -ka:98–101) susun-ka- (tr.) to sleep (body part acting on person)

Auf beiden Seiten ist die gleiche Bedeutungsentwicklung festzustellen!

44. šuku- anziehen

Ayac. suku- to cover, suku-ta veil SPC. šuku-pa hood, šuku-ta head shawl, šuku-ku- to wrap one's (own) head, Tarma šuguta headshawl, kerchief, šugu-či- to adorn the head of the deceased

45. war-u-, war-o- to cut

Tarma wala- Fleisch in Scheiben schneiden, Cuzco walu- schneiden, in Stücke schneiden, abschneiden

46. waša sitzen, sich setzen
waša-nci-ku seat, chair

Ayac. wasi Haus (vgl. nhd. Wohnsitz, Siedlung) Ecuad. wasi casa, vivienda (de personas, animales) Ancash-Huailas wasi Haus

47. wikišu linkisch (šu "arm")

Ayac. wik-su crooked, bent, inclined tilted; to bend, incline, tilt, lean wiqru to limp, Tarma wiq-lu-š crooked, deformed (hand), wik-la twisted (arm), wik-su twisted, wry unreliable, wiksu-wiksu ignorant, SPC. wik-ru, wiq-ru twisted, crooked, wiqru cangka twisted leg

48. hawa- to rise, be steep

Ayac. hawa top, hawa-man to the top, to a position above, hawa-pi on top

49. hata- to mount

Ayac. hata-ri- get up, rise (-ri- inchoativ, vgl. hata-ykača- try to get up)

50. huka-mbi-ta to keep another company

Ayac. huk one, another, huk-ni-n the other, add, mix, join, unite, Tarma huk-ni-ki your partner, huk- la-pa- unite

51. upa-ce untertauchen, eintauchen upa-ci untertauchen, eintauchen Daneben: upi-upi-kwa-ma-ni to dip into and draw out water — Ayac. upa-ku- (intr.) to wash one's face

52. ure-, ore- first, go in front of, ure-ta formerly, long ago; erster; ure-pa vorangehen, ure-ti ältester (Bruder) — Cuzco uri vorzeitig, verfrüht

53. mara- taste, to have a taste, mari oral activities, speak, hold mouth open, to sniff (of dogs) — Ayac. maĩi- to try (out), test, taste (kosten, abschmecken, versuchen, probieren) Ecuad. maĩi- einen Bissen, Happen, Mundvoll probieren

54. mati- to pinch — Boliv. mat'i tight, squeezed; Cuzco mat'i- drücken, pressen, zwicken

55. -mu: Das nominale Suffix steht häufig bei Pflanzennamen: phacimu Binse, phatamu Rohr, Schilf, pemu eßbare Wasser Pflanze, pikwaremu Art Rohr, tarimu Weide; Evtl. ursprüngl. identisch mit (Friedrich 1971:15) mu "mouth, bud(!), vulva, lip..." — Ayac. mut-mu Knospe: So zu segmentieren wegen Tarma, SPC. mutu Knospe, mutu- to bud, to form buds

56. muru-muru-mi (mi "Mund") to crunch on something, muru-ki (ki "Dimin.") something toasted — Imbab. murru-s murru-s (ideophone) sound of eating toasted corn or any hard food.

57. a- to eat, a-ku- to eat (fresh corn, fruit, vegetables), aku -a-aku- to eat the inside of fruits, aku-nga-nta eat directly from pot, akuhku to carry s.th. to eat in one's hand (hku hand) — Ayac. aku- to chew (generally), chew coca; Anc. aku- comer machka (trigo o cebada molido y tostado). Dazu evtl. Ayac. amu- hold in the mouth, Anc. amu- tomar o tener en la boca, falls aus *a plus *mu s. Nr. 55.

58. aša- to split open, open (mit verschiedenen Körperteilsuffixen) z.B. aša-ndu-ni to spread the toes; aša-ndi-ku-ni to break or split off a branch, aša-mi a fork — Tarma, SPC. a·ša- to open the mouth widely, to yawn, a·ša-ka with open mouth, a·ša-ba-ku (SPC. -pa-) to yawn, a·ša-ri-ta (SPC. -li-) woman with open mouth. Langes a (i) kommt im Tarma/SPC nur sehr vereinzelt vor: Außer in spanischen Lehnwörtern nur in Interjektionen und einigen weiteren Fällen, bei denen es sich sicher, wie hier, um expressive Dehnung handelt.

Schlußfolgerungen

Diese philologische Revision der Beziehungen zwischen Tarasco und Quechua zeigt uns, daß es außer den zwei oben erwähnten akzeptablen Vergleichen der Swadesh-Liste, die natürlich für sich genommen nichts besagen, durchaus noch zahlreiche mögliche Kognatenpaare gibt, und zwar ganz andere und mehr als doppelt so viele (insgesamt 58) wie die von Swadesh herangezogenen.

Es ist erstens klar, daß aufgrund dieser völlig anderen Basis völlig andere eventuelle Schlußfolgerungen möglich sind. Somit ist dieses Ergebnis eine klare Bestätigung für Bartholomew (1969:81), die meint, daß die Zeittiefedaten für entfernt verwandte Sprachen oft viel zu hoch angesetzt sind, da manche Kognaten durch den Wörterlistenansatz nicht erkannt werden.

Zweitens ist klar, daß in hier nicht nachgeprüften Fällen sich eine vermutete Verwandtschaft in nichts auflösen kann und die entsprechenden Schlußfolgerungen nichtig sind.

Andererseits: Auch wenn regelmäßige Entsprechungen in ausreichender Zahl vorhanden sind und andere Erklärungsmöglichkeiten wie onomatopoetische Bildungen und Zufall ausgeschaltet sind, ist genetische Verwandtschaft noch nicht bewiesen, sondern erstmal nur ein historischer Zusammenhang, der auch auf Diffusion beruhen kann.

Im Falle Tarasco-Quechua ist allerdings letzterer Fall aufgrund der geographischen Verhältnisse eher unwahrscheinlich, zumal sowohl Tarasco als auch Quechua darüberhinaus Beziehungen zu den jeweils gleichen nordamerikanischen Sprachgruppen aufweisen (Liedtke 1988, unveröff.).

5.3.6.6. Rezeption der Ergebnisse der glottochronologischen Untersuchungen bei den Ethnologen und Linguisten

Trotz Verbesserung der Methoden, z.B. durch Grace (1959), bringt die Lexikostatistik im Einzelfall sehr unterschiedliche Ergebnisse. In manchen, nachprüfbaren Fällen, stimmt sie im Ergebnis gut zu den tatsächlichen Gegebenheiten, in vielen Fällen geht sie jedoch weit daran vorbei.

Dies hat zu vielerlei Kritik geführt, die sich in einer umfangreichen Liste von Veröffentlichungen niedergeschlagen hat. Wichtig für unseren Blickwinkel ist aber, daß diese Kritik und Skepsis gegenüber den Methoden und Ergebissen der Lexikostatistik im Wesentlichen innerhalb der Sprachwissenschaft geäußert wurde und die Kontroverse nicht bis in die Ethnologie hinein geführt wurde.

Rezipiert wurden solche Vorschläge für lexikostatistische Klassifikationen entweder so, daß sie ohne Überprüfung des vorgelegten Materials akzeptiert oder aber wegen Überprüfung *nur* des vorgelegten Materials – abgelehnt wurden. Lexikostatistische Ergebnisse (und ihre glottochronologische Interpretation) machen oft den Eindruck abgeschlossener Forschungsergebnisse auf sicherer wissenschaftlicher Grundlage, die dann nicht mehr hinterfragt wird. Die Ethnologen vertrauen in diesem Fall auf die Fachkompetenz der Linguisten. Dabei wird oft übersehen, daß diese ja selbst untereinander nicht mit einer Stimme sprechen. Jedoch sind "fertige" Klassifikationen und sich scheinbar logisch daraus entwickelnde Zeitabstandsberechnungen publicityträchtiger und werden eher rezipiert. Man hört erst von umfassenden Klassifikationen (z.B. in Lexikonartikeln), die definitive Forschungsergebnisse suggerieren, und dann – falls sie nicht ganz übersehen werden – von bescheideneren Arbeiten.

Die Linguisten waren, wenn sie nicht zur Schule Swadeshs gehörten, abgeschreckt von den Methoden der Lexikostatistiker und verzichteten offenbar in vielen Fällen auf Überprüfung der Ergebnisse und – noch öfter – auf eigene Nachforschungen.

Gleich, ob die Reaktion positiv oder negativ ausfiel, die Anregungen wurden nicht weiter verfolgt.

Um diese Sackgasse zu vermeiden, sind für die Ethnologie einige Punkte zu beachten: Erstens sollten die methodischen Schwächen bekannt sein und die Klassifikationsvorschläge nur als Anregung begriffen werden.

Und zweitens: Zusammenarbeit zwischen den Disziplinen ist unerlässlich. Gerade die Ethnologie hat die Möglichkeit, mit ihren Ansätzen und Kenntnissen einen eigenständigen Beitrag zu leisten.

Bynons (1981:259) Bemerkung, daß lexikostatistische Ergebnisse "vielleicht für den Historiker interessant, aber nicht für den historischen Sprachwissenschaftler akzeptabel" seien, ist natürlich zurückzuweisen. Selbstverständlich kann auch der Historiker nicht an extrem falschen Einschätzungen und Aussagen interessiert sein.

5.3.6.7. Vorteile der Methode

Mit den Nachteilen dieser Methode haben wir uns auch an anderer Stelle (3.1.3.1.) klar auseinandergesetzt. Tovar & Faust (1976:241) betonen, daß die Lexikostatistik gut für das Aufstellen von Hypothesen ist, aber nichts daran vorbeiführt, die Vorschläge mit Hilfe der historischen Rekonstruktionsmethode zu überprüfen und gegebenenfalls weiterzuentwickeln. Key (1979) plädiert dafür, die verschiedenen Methoden miteinander in Beziehung zu setzen und zu kombinieren. Der lexikostatistische "Massenvergleich" etwa, wie er von Greenberg (1987) und anderen vorgeschlagen wird, verzichtet auf das mühevolle "Rekonstruktionsritual" und die Anwendung der vergleichenden Methode.

Diese Vorgehensweise hat zwar vor allem im Hinblick auf die fundamentale Schwäche des paarweisen bilateralen Vergleichs (Greenberg 1987: 4, 25) ihre Berechtigung und ihre Vorteile. Sie sollte aber weder von Verfechtern noch von Gegnern als Ersatz für die vergleichende Methode gesehen werden. Der Vorteil des Massenvergleichs durch viele Sprachen hindurch liegt ganz klar darin, daß er den Blick auf das größere Bild lenkt und der Forscher es so vermeidet, sich in einem Detailgebiet zu verfangen. Die Erfassung weiträumiger Sprachbeziehungen, erfordert von Zeit zu Zeit auch einen weiträumigen Blickwinkel (Key 1979:15,18) und nicht die enge Fokusierung. Zwei verwandte Sprachen wie Quechua und Aymara stehen vielleicht in einem größeren Zusammenhang. Möglicherweise kann nur von diesem her die Frage geklärt werden, ob, und, wenn ja, in welchem Maße die Beziehungen zwischen den beiden Sprachgruppen auf den langandauernden geographischen und kulturellen Kontakt zurückzuführen sind oder auf genetischer Verwandtschaft beruhen.

Lexikostatistik in ihrer (oben 5.3. beschriebenen) "klassischen" Ausprägung kann wohl ohne größere Einschränkungen bzw. Erweiterungen nur bei intrafamiliären Vergleichen, also bei der Bestimmung und Klassifikation des gegenseitigen Verhältnisses relativ nah verwandter Varietäten, und innerhalb eines Kulturraumes angewandt werden (vgl. Lehmann 1969:100).

5.4. Das Problem der "submerged features"

Ausgehend von der Erkenntnis, daß auch Züge grammatikalischer Struktur entlehnt sein können, bestand die Notwendigkeit, ein Konzept zu finden, das es erlaubt, eine Abgrenzung zwischen genetisch vererbten und später entlehnten Zügen vorzunehmen.

Die Voraussetzung für ein solches Konzept ist, hierauf weist Hoijer (1951:6) hin, eine Sichtweise, daß die Sprache ein höchst komplexes Produkt historischer Entwicklungen ist. Als solches hat eine Sprache viele Ebenen der grammatischen Struktur, die sich in ihrem Alter sehr unterscheiden.

> "When one passes from a language to another that is only remotely related to it, say from English to Irish or from Haida to Hupa or from Yana to Salinan, one is overwhelmed at first by the great and obvious differences of grammatical structure. As one probes more deeply, however, significant resemblances are discovered which weigh far more in a genetic sense than the discrepancies that lie on the surface and that so often prove to be merely secondary dialect developments which yield no very remote historical perspective. In the upshot it may appear, and frequently does appear, that the most important grammatical features of a given language and perhaps the bulk of what is conventionally called its grammar are of little value for the remoter comparison, which may rest

largely on submerged features that are of only minor interest to a descriptive analysis." *(Sapir 1925:491–2)*

Es ging Sapir also um eine Trennung der "oberflächlichen", wahrscheinlich entlehnten Aspekte der Grammatik von einem "tieferen" Kern der Grammatik, der auf genetischen Zusammenhang deutet, weil er diffusionalen Prozessen widerstanden hat.

In der gegenwärtig jüngsten grammatischen Schicht, die den Großteil der synchron vorliegenden Grammatik bildet, lassen sich wenig gemeinsame Züge finden.

Darunter liegen, unbeachtet und oft in der Gestalt von synchronen Irregularitäten (also z.B. nicht mehr produktive Suffixe, Konsonantenwechsel usw.), Züge, die sozusagen Überreste einer ursprünglichen Proto-Grammatik darstellen. Heute nicht mehr begründbare Formen entsprechen also durchaus den synchronen Regeln früherer Grammatiken.

"It would be an instructive experience in method to compare English grammar with that of the Indo-European language reconstructed by philologists. Whole departments of Indo-European grammar find no analogue in English, while a very large part of what English grammar there is is of such secondary growth as to have no relevance for Indo-European problems." (Sapir 1925:492)

Man kann sagen,

> *"daß der beste Nachweis dafür, daß eine Sprache zu einer bestimmten Familie gehört, darin liegt, daß in ihr Reste produktiver Regeln früherer Grammatiken...als synchrone Irregularitäten erhalten sind."* *(Bynon 1981:70)*

Die "submerged features" werden darüberhinaus im allgemeinen als so komplex und so eng verwoben in die Grundstruktur der Sprache beschrieben, daß sie auf jeden Fall ältere Sprachzustände wiederspiegeln.

Bei diesem Ansatz Sapirs handelt es sich also um ein "basic"-Konzept, das mit einer ähnlichen Zielsetzung entwickelt wurde wie das Konzept des "basic vocabulary", des Grundwortschatzes, den man abgrenzen möchte von entlehnten Elementen ("Kulturwortschatz"), indem man ihm eine größere Resistenz gegenüber Diffusionsvorgängen zuschreibt. Dieser Ansatz macht es möglich, ältere und jüngere Entwicklungen in der Grammatik einer Sprache zu unterscheiden. Entlehnungsvorgänge in der Grammatik haben aber natürlich insgesamt einen ganz anderen Stellenwert als es Entlehnungen im Lexikon oder sprachinterne Entwicklungen in der Grammatik haben.

5.4.1. Beispiele

Für die vermutete genetische Verbindung zwischen den nordamerikanischen Hoka-Sprachen und dem Subtiaba in Nicaragua bringt Sapir (1925:493–524) morphologische Evidenz: Die Stammbildung, Nominalpräfixe, Adjektiv und Verbalklassensuffixe entsprechen dem Pattern der Hoka-Sprachen und sind zum Teil auch materiell identisch.

Gravierende Unterschiede, wie z.B. die entgegengesetzte Determinationsrichtung (Subt.: Determinans nach Determinatum, Hoka-Spr.: genau umgekehrt) werden von Sapir durch den Einfluß mittel- und zentralamerikanischer Sprachen auf das Subtiaba erklärt.

Sapir macht auch darauf aufmerksam, daß sich nicht mehr produktive Reste eines Systems, das dem Hoka-Subtiaba-System von Konsonantenpräfixen analog ist, auch im Osten, im Natchez und in Muskogi-Sprachen finden:

> *"Thus, Choctaw la^{n}sa "scar"/mi^{n}sa "scarred" is curiously reminiscent of such alternations as Subtiaba daša "grass"/maša 'to be green'and suggests an old nominal prefix l"* *(Sapir 1925:526)*

Als solche "submerged features" kann man auch die den Macro-Penutian-Sprachen zugeschriebenen Überbleibsel bezeichnen wie die Vokalwechsel zur Bildung von Nominal- aus Verbalstämmen (Swadesh 1956:27) oder die Konsonantenwechsel, die ursprünglich semantischen Ablaut darstellten (diminutive oder augmentative Funktion oder sonstige Bedeutungsdifferenzierungen) (Swadesh 1956:28–9).

5.4.2. Teeters "Depth Hypothesis"

Campbell (1973:119) erwähnt eine von Teeter (1964) vorgeschlagene Methode der Unterscheidung zwischen Erscheinungen einer Sprache, die auf genetischen Zusammenhang zurückzuführen sind und solchen, die auf Diffusion beruhen. Teeter nennt seinen Ansatz "depth hypothesis" und spricht von "contextualization" sprachlicher Züge.

"Depth", "Tiefe", bedeutet das relative Alter, das sich für bestimmte Komponenten einer Grammatik vermuten läßt.

Rein lexikalische Einheiten sind, was ihre Stellung in der Grammatik betrifft, nicht sehr "kontextualisiert", das heißt sie werden relativ spät in eine grammatische Struktur eingefügt.

Finden sich nun Entsprechungen zwischen zwei Sprachen, die auf der gleichen Tiefenregel aufbauen, so wird durch eine derartige Korrespondenz ein genetischer Zusammenhang nahegelegt.

Teeter bringt zwei Beispiele, die den genetischen Zusammenhang zwischen der kalifornischen Ritwan-Sprache Wiyot und den Algonkin-Sprachen untermauern. Erstens: die Entwicklung Possessivpräfix + Vokal zu Possessivpräfix + t + Vokal im Proto-Zentral-Algonkin. Diese Entwicklung findet ihre genaue Entsprechung im Wiyot: Possessivpräfix + h + Vokal (Wiyot besitzt keine vokalisch anlautenden Wortstämme) wird zu Possessivpräfix + t + Vokal.

Das zweite Beispiel betrifft die Verwendung von Pronominalpräfixen: Im Proto-Zentral-Algonkin erlauben Stämme nur den Antritt eines einzigen Präfixes. Wenn jede der beteiligten Personen eine zweite Person ist, wird das Präfix der zweiten Person verwendet. Wenn eine erste, aber keine zweite Person beteiligt ist, wählt man das Präfix der ersten Person. In Fällen, in denen erste und zweite Personen beteiligt sind, wird das Präfix der dritten Person verwendet.

Eine ähnliche Erscheinung läßt sich im Wiyot beobachten:

Wiyot verwendet zwar keine Präfixe, um Personen bei Verbalhandlungen auszudrükken. Aber negative Verben haben drei Formen für drei Personen, und wenn mehr als eine Person mit der Verbalhandlung in Beziehung steht, wird nur ein negatives Präverb gebraucht, dessen Wahl durch eine Regel bestimmt wird, die mit der Regel, wie sie für Proto-Zentral-Algonkin beschrieben wurde, identisch ist.

Teeters Methode ist freilich keine neue Methode, sondern im Grunde Sapirs "submerged features"-Ansatz. Der Bezug auf eine formale Grammatik macht Teeters Methode, wie Campbell (1973:119) feststellt, nicht aussagekräftiger und wirksamer als Sapirs Vorschlag.

5.4.3. Grenzen der "submerged features"-Theorie Sapirs

Man sollte aber nicht aus den Augen verlieren, daß manche Irregularitäten vielleicht dennoch aus der jetzt vorliegenden Grammatik erklärbar sind. Dazu sind noch unabhängige Untersuchungen notwendig.

Campbell (1973:15) machte darauf aufmerksam, daß nicht immer klar ist, wie solche scheinbar "submerged features" mit Sicherheit erkannt werden können:

> *"One suspects that Sapir's "submerged features" are those which are so strictly "submerged" in the grammar that they deny diffusion as a possible explanation. In so far as this method does deny chance and diffusion, it is powerful for establishing genetic relationships. However, it is no foolproof, for some extremely arbitrary similarities may still be due to chance, diffusion, or universals.*

An example of a seemingly submerged feature is found in Quechua and Mayan pronouns...(Bsp. S.115). Another seemingly submerged, but circumstantial similarity, involves negation in Quechua and Mayan...(Bsp. S.115)." (Campbell 1973:115)

Die beiden erwähnten Beispiele sollen hier kurz vorgestellt werden. Sowohl Quechua als auch Maya haben stets zwei Sets von Pronomen, die distinkte Funktionen erfüllen und ins Verbum inkorporiert werden. Für die erste Person Singular hatte Proto-Mayan *in-/w-, Cuzco-Quechua -ni/-wa-.

Zufällige Ähnlichkeit scheint hier ausgeschlossen. Bei genauerer Untersuchung zeigt sich jedoch, daß Quechua-ni aus dem leeren Morphem hervorgegangen zu sein scheint, das regulär zwischen zwei nebeneinanderliegenden Morphemen eingeschoben wird, um Konsonantenkluster zu vermeiden.

Quechua A-Varietäten hatten wahrscheinlich (vgl. Parker 1969:150) *y als Morphem der ersten Person Singular. Das -wa- der Quechua A-Varietäten läßt sich am ehesten auf *-ma- zurückführen, was sich durch den Befund der Quechua B-Varietäten zu bestätigen scheint (Parker 1969:193).

Die Negation im indikativischen Aussagesatz im Cuzco-Quechua ist mana...chu, eine diskontinuierliche Konstruktion. Ebenfalls diskontinuierlich präsentiert sich die Negation in verschiedenen Maya-Varietäten wie z.B. im Cakchiquel: man...ta. Aber Proto-Mayan hatte als Negationspartikel ursprünglich nur *ma (das n ist eine spätere Erweiterung), und die diskontinuierliche Konstruktion wurde ebenfalls sekundär entwickelt (in Cakchiquel und verwandten Varietäten) durch die Assoziation eines *tah (optional conditional particle, "would") mit der Negationspartikel.

Darüber hinaus ist *ma (und ähnliche Formen) als Ausdruck der Negation weltweit verbreitet, so daß es sich hier zusätzlich um eine universale Erscheinung handeln kann.

Bei beiden Beispielen handelt es sich also um zufällige konvergente Ähnlichkeiten sekundärer Natur und nicht, wie es anfangs schien, um "submerged features" im Sinne Sapirs.

Sherzer (1976) weist darauf hin, daß scheinbar "tiefe" strukturelle Ähnlichkeiten zwischen Chemakuan, Salishan und Wakashan-Sprachen der Nordwestküste aufgrund neuerer Forschung (Kinkade 1969) nicht genetisch zu erklären seien, sondern auf Diffusion beruhten.

Auch Emenau (1956 und 1962) hat Sapirs Position einer kritischen Überprüfung unterzogen. Er zeigt auf, daß es sehr schwierig sein kann, profunde Züge von den oberflächlichen Zügen in der grammatischen Struktur zu trennen. Er schlägt daher für Nordamerika Arealstudien vor, um für einige historische Probleme zu besserem Verständnis zu gelangen.

5.4.3.1. Korrelation mit Arealtypologie und Universalienforschung

Die Erfahrung hat gezeigt, daß es möglicherweise keinen sprachlichen Zug gibt, der nicht auf Diffusion beruhen kann (s. Kap. 6). Solange es kein theoretisches Konzept darüber gibt, welche Züge als "submerged" bzw. einer tieferen Struktur angehörig zu gelten haben, kann diesbezüglich keine definitive Aussage gemacht werden.

Vielleicht läßt sich diese Frage aber auch nicht generalisierend beantworten, oder muß in Korrelation mit der arealtypologischen Forschung, was die Diffusion betrifft, und in Korrelation mit der typologischen Universalienforschung, was Universalienentwicklung betrifft, gelöst werden.

Bleibt noch die Möglichkeit des Zufalls, der selbstverständlich nur durch vorherige interne Rekonstruktion ausgeschaltet werden kann.

5.5. Swadesh's Konzept der "oblique cognates"

In seinem Aufsatz in Hymes und Bittle (1967:281–309) beschreibt Swadesh diesen Ansatz. Es geht dabei darum, als Beweismaterial zwischen verwandten oder als verwandt vermuteten Sprachen auch Entsprechungen zuzulassen, die voneinander verschiedene morphophonemische Varianten ein und derselben Wurzel aufweisen. Die Argumentation beruft sich darauf, daß es lange schon selbstverständlich war, etwa im indogermanischen Bereich, Paare von Elementen als verwandt zu betrachten, die im Konsonantismus (trotz verschiedener Vokale) übereinstimmen (als Beispiel führt Swadesh Paare an wie lat. pes, pedem und griech. pous, podon).

Verbunden mit dem Hinweis, daß auf dem Gebiet der Indianersprachen Vokalwechsel bereits weitgehend akzeptiert würden (worauf er sich hierbei bezieht, läßt er jedoch offen), plädiert er für die Anerkennung nicht nur von Vokal-, sondern auch Konsonanten-Alternationen. Er bezieht sich dabei auf Vergleiche zwischen Zuni und Penutian-Sprachen, wo sich nach seiner Meinung solche alten Konsonantenwechsel finden. Um einer drohenden Beliebigkeit bei der Einschätzung solcher Vergleiche vorzubeugen, schlägt er vor, "subtypes of cognacy" zu unterscheiden:

    1. Kognaten, die den gleichen Wechsel reflektieren (direct cognates)

2. Kognaten, die von den gleichen Archiphonemen, aber nicht den gleichen Wechseln herleitbar sind (oblique cognates)

Als Beispiel führt er an:

	Zuni	Yokuts	Englisch
Direct:	pan	pan	(down)
Oblique:	cuk	tuk	(spit)

Es ist klar, daß dieses Konzept keine Methode zur Verschleierung von Regellosigkeit ist, sondern zunächst eine Kenntlichmachung der Vergleiche hinsichtlich ihrer Qualität darstellt.

Swadesh (1967:297–8) leitet aus dem Vorkommen einer Reihe von lautlich ähnlichen Wörtern mit semantisch ähnlichen Bedeutungen z.B. in kalifornischen Yokuts-Varietäten, vgl.

k'ithi "cut"/"k'ithiy "chop off"/káthaw "tear apart"-k'ac'"obsidian"/ʔata "chop"/ʔaataʔ"ax" k'itet' "short"/kutíʔ"small"/kuǰiʔ"tiny", etc.

einst produktive Vokal- und Konsonantenalternationen ab und sagt von letzteren:

> "The archimorpheme can be symbolized *KET (k-vowel-t), each phoneme with its regular variations." "If the various Yokuts items represent a single old root, its first consonant shows most of the reflexes of the set of alternants which we reconstruct as *k/k'/kh/q/q'/qh, and the second consonants those of the set *t/t'/th/c/c'/ch/t/t'/th."

Es gibt allerdings Sprachen, die sich durch eine große Zahl von optionalen Fluktuationen auszeichnen, wie die südamerikanische Tacana-Sprache Chama: Hier werden viele Wörter beliebig entweder mit dem einen oder dem anderen Phonem gebildet: Das Wort für "Leber" kann z.B. [etakwa] oder [ekakwa] lauten, [bawičo] "Maus" steht neben [dawičo], [ekawa] "Banane" neben [exawa], usw. In dieser Weise können wechseln: p-b, m- w, p- w, t- d, š- c, k- x, k- kw, x- kw, kw- w, p- k, p- kw, t- k, t- p, b- d, s- h, š- h, x-h, k- h, ʔ-h. (Key 1979:86–7).

Die Sprache besitzt wenige Minimalpaare, so daß die Kommunikation durch diese Schwankungen nicht behindert wird.

Und: hier sind die ähnlichen Formen ganz klar Varianten ein und desselben Wortes, ohne Änderung der Bedeutung. Bei den Yokuts-Beispielen, falls sie miteinander zusammenhängen sollten, haben wir es offenbar mit lautlicher Differenzierung, die mit semantischer Differenzierung einhergeht, zu tun.

Doerfer (1973:40-45) übt scharfe Kritik am Aufstellen solcher Archiphoneme, wie es bei weitreichenden Verwandtschaftshypothesen vorkommt: Im Gegensatz zur historischen Sprachwissenschaft, die mit Realphonemen z.B./p/) arbeite, und zur rekonstruierenden Sprachwissenschaft, die mit Idealphonemen arbeite (z.B. */p/: obwohl sich über die exakte Aussprache nichts aussagen läßt, wird ein exaktes System von Oppositionen ermittelt, also */p/:*/b/, */p/:*/t/ usw.) lege sich die "glottogonische" Sprachwissenschaft in den Archiphonemen Pseudophoneme zurecht, die einzig dem Zweck dienten, unter Umgehung der Aufstellung exakter Lautgesetze, Material für weitreichende Verwandtschaftshypothesen zu bekommen. Indem alle Gutturale (k=g=q=h), alle Labiale (b=p=f usw.), Dentale (d=t=s= usw.) gleich gewertet werden und auch die Vokale z.T. zusammenfallen, gelten nur noch vage Positionsklassen, Stammreihen.

> "Es ist ganz klar, daß man auf diese Weise immer zu Pseudovergleichen gelangen muß, und zwar umso mehr, je größer die Diskrepanz zwischen (vielen) belegten Wurzeln und (wenigen) möglichen Wurzeln ist. Dies ist der Grund, warum der Begriff des Lautgesetzes völlig unentbehrlich ist: Er allein garantiert eine genügend hohe Zahl möglicher Wurzeln: ohne ihn geraten wir ins Chaos bloßer Wahrscheinlichkeits- und Zufallgesetze." (Doerfer 1973:43)

Swadesh selbst ist sich dieser Gefahr bewußt und räumt ausdrücklich ein, daß die Annahme solcher Lautwechsel eine kleine Anzahl von Archiphonemen zur Folge hat, was die Wahrscheinlichkeit des Zufalls als Erklärungsmöglichkeit vorgeschlagener Kognaten erhöht (1967:299).

Bei seinen Vergleichen (298–306) unterläuft ihm zudem des öfteren der Fehler, semantisch zu disparates Material zu vergleichen oder Beispiele anzuführen, die durch zu singuläres Vorkommen und zu wenig lautliche Regelmäßigkeit als Belegmaterial wohl nicht in Frage kommen.

Unbegründete "freie" Wechsel – als System von Pseudoallophonen eines Pseudophonems – zwischen zwei Sprachen sind immer "verdächtig" und dürfen vom wissenschaftlichen Standpunkt her nicht als Beweis gewertet werden. Kann dieser Wechsel jedoch begründet werden, das heißt, wenn dem Wechsel eine plausible Funktion zugesprochen werden kann, dann ist die Sachlage eine andere: Gelingt es, aufzuzeigen, daß der lautliche Wechsel durchgängig gilt und mit semantischen Wechsel eindeutig in Beziehung steht, kann er beim lexikalischen Vergleich herangezogen werden.

In diesem Sinne sind einige Vergleiche bei Swadesh durchaus bemerkenswert. Vor allem in seinem Aufsatz von 1956 finden sich bereits Hinweise auf Fälle von "oblique cognates", denen ein Vokal oder Konsonantenwechsel mit eindeutiger bedeutungsunterscheidender Funktion zugrunde liegt (1956:27–39).

Es bedarf natürlich keiner Frage, daß gerade dieses Prinzip beim Sprachvergleich nicht willkürlich verfolgt und angewendet werden darf, soll es nicht zu irreführenden "glottogonischen" (Doerfer 1973:10) Spielereien ausarten. Die angeführten Veränderungen müssen sehr plausibel gemacht werden können, was letzten Endes wiederum nur durch eine gewisse Regelmäßigkeit und durch zahlreiche Parallelen, nach Möglichkeit nicht nur externe, sondern auch jeweils interne, errreicht werden kann. Stehen solche Fälle zu vereinzelt da, muß wohl eher mit Zufall gerechnet werden.

Die Fruchtbarkeit des von Swadesh vorgeschlagenen Prinzips liegt wohl auch hier in der Idee bzw. im methodischen Ansatz, aber die praktische Anwendung ist, wie so oft, zu unkritisch, und das herangezogene Material erscheint unglücklich gewählt.

Das oblique-cognate-concept geht selbstverständlich über die Grenzen der vergleichenden Methode hinaus, wenn, wie Bartholomew (1969:89) ausführt, bei der Rekonstruktion die Vokale nichts, die Konsonanten sehr wenig zählen und die Bedeutung sich in alle Richtungen entwickeln "darf". Dieses Bild ist allerdings überzeichnet und trifft nicht in jedem Fall auf Swadeshs Vergleiche in dieser Schärfe zu. Bei sorgfältiger Anwendung stellt das oblique-cognate-concept durchaus eine Bereicherung und Erweiterung der vergleichenden Methode dar, unter zwei Vorraussetzungen:

1. Postulierte Lautveränderungen dürfen natürlich nicht willkürlich sein, sondern sollten sich auf plausible interne und externe Analogien berufen, und 2. semantische Veränderungen müssen von Fall zu Fall plausibel gemacht werden.

Wortfamilien (d. h. Lexeme ähnlicher Form und Bedeutung mit zum Teil intern rekurrenten Abweichungen wie Affixantritt, Ablaut, freie Variation) zu behandeln, wird von Pinnow (1985: 29–30) im Falle der Na-Dene-Sprachen als "conditio sine qua non" bezeichnet, um sowohl bei der Sprachanalyse als auch bei der etymologischen Forschung weiterzukommen. Aus meinen eigenen Studien weiß ich, daß dies in ebensolchem Maß auch für Wakashan, Salishan und Penutian zutrifft.

Auf einige Nebenaspekte soll abschließend aufmerksam gemacht werden: Durch den "oblique cognates" - Ansatz verringert sich das Vergleichsmaterial, weil einige der vorher als verschieden behandelten Wörter (dies ergab viele Vergleichspaare) zu Gruppen zusammengefasst werden (was weniger Vergleichspaare zur Folge hat). Dieser Effekt ist vom Erkenntniswert her natürlich vorbehaltlos zu begrüßen, für einen Verwandtschaftsnachweis kann es jedoch einen Rückschlag bedeuten, was die Quantität des Vergleichsmaterials angeht.

Und schließlich zeigt sich eine gewisse Analogie dieses Konzeptes zur Wörter- und Sachen-Methode, die im nächsten Kapitel zur Sprache kommen wird, sowohl im Ansatz

- auch hier geht es in vielen Fällen um semantische Verschiebungen, und zwar um deren lautliche Manifestationsebene in Form von Konsonanten und Vokalwechseln - als auch im Ergebnis:

> *"The system of oblique cognates gives more scope for grouping together forms and meanings which would be excluded by the direct method, thus recognizing in some cases more distant relationships."* (Bartholomew 1969:80)

Eine umfassende Theorie als Gegenstück zu "oblique cognates" auf der semantischen Ebene im Bedeutungsbereich fehlt bislang. Sie müßte sich von Fall zu Fall entweder an semantischen Universalien orientieren oder kulturspezifische Entwicklungen, soweit bekannt oder rekonstruierbar, berücksichtigen. Nachfolgende Beispiele sollen eine solche Vorgehensweise illustrieren.

5.6. Semantische Äquivalenz

Erklärung von Bedeutungsänderungen mit Hilfe der Wörter- und Sachen-Methode

1. Beispiel

Maidu yak' bedeutet "Brücke", anderswo aber auch "Boot". In keiner mir bekannten Quelle werden diese scheinbar grundverschiedenen Bedeutungen miteinander in direkte Beziehung gesetzt.

Shipley (1963:125) zitiert eine Form für Boot, yak'a, in der Wendung hínno -ti- ky-m yàk'á, die er metaphorisch auffaßt und (annähernd) imitierend interlinear übersetzt mit "cause -to -float -along -er -bridge". Diese Form setzt sich zusammen aus hínno "float along", -ti- "CAUS", -ky-"AG",-m-"GEN" und dem Stamm yak'(a). Dieser Stamm ist offensichtlich polysem. Daß Shipleys metaphorische Interpretation, die etwas befremdlich wirkt, nicht nur unnötig ist, sondern wahrscheinlich auch falsch ist, dafür gibt es sowohl ethnologische als auch linguistische Hinweise.

1.: Weltweit verbreitet ist in verschiedenen Kulturen der Einbaum, d.h. der aus einem ausgehöhlten Baumstamm bestehende Bootstyp (vgl. Hirschberg & Janata 1980:1057). Nhd. Einbaum bedeutet nichts anderes als Baum, Baumstamm (vgl. Kluge 1967:158). Auch im kalifornischen Wintu bedeutet kabal allgemein "Holz", aber auch "Boot, Kanu" (Pitkin 1985:187). Tsimshian gan (gan, gn) "wood, tree, stick" bedeutet auch "boat": batsgn ("arrive in a boat" Dunn 1979:37), ist wörtlich *batsk-g(a)n "arrive-tree". Vielen Ethnologen dürfte die Schilderung des Kanuwettbewerbs bei den Trobriandern (Malinowski 1974: 329–30) bekannt sein: Hier bedeutet kaymatana "Spitzen-Holz", kaʔuʔuya "Schwanz-Holz" ganz einfach "führendes" bzw. "am Ende liegendes Kanu".

2.: Die Bedeutung "Brücke" läßt sich, ebenfalls aufgrund zahlreicher Erfahrungen mit der materiellen Kultur von Ethnien in den verschiedensten Teilen der Welt ohne Schwierigkeit (und im Maidu auch durch das homophone yak' "Boot" gestützt) auf eine Grundbedeutung "Baum, Baumstamm, Holz" zurückführen.

Die ethnologische Literatur berichtet auch aus Ethnien, zu deren Kultur der Bau komplizierter und kunstfertiger Brückenkonstruktionen aus den verschiedensten Materialien gehört immer wieder von der wohl einfachsten Lösung bei der Überquerung von Wasserläufen: dem querliegenden Baumstamm oder Holzbalken als Brücke.

Dies findet in zahlreichen lexikalischen Ausdrücken seinen Niederschlag. Als Beispiel sei hier nur nhd. "Brücke" genannt, das etymologisch identisch ist mit "Prügel" (Holzstück) (Kluge 1967:103,568). Quechua čaka "Brücke" und čakampa "horizontal, supported at each end" und čakata- "ein Kreuz (aus Holzbalken) machen" deuten ebenfalls darauf hin wie Atakapa neš "Baum, Brett, Brücke" und der Ausdruck Nahuatl quauhpantli "Brücke" (quauh "wood", "tree", pantli "línea, muro, hilera", Pipil panti "a measure of firewood", Pipil ku:panu:was "puente de palos (a bridge of logs or a log for crossing)", vgl. ku: "tree, wood", panu "to cross", -(wa)s "nominalization", ClNah quauhpanawaztli "puente de madera" (Campbell 1985:297). Yana p'uura bedeutet "shaft, stick, pole" und "bridge" (Sapir & Swadesh 1960).

3. Daß die ursprüngliche Bedeutung von *yak' "Holz, Baumstamm" gewesen ist, ließe sich – wiederum mit aller Vorsicht – sogar durch externen Vergleich stützen: In den verschiedensten amerikanischen Indianersprachen findet sich ein Stamm *yak (o.ä.) in dieser Bedeutung, vgl. z.B. Caddoan: Proto-Northern-Caddoan *yak "wood", Zapoteco yaga, ya?a, Chatino yaka "Holz, Baum", Alsea (Oregon Penutian) yaka, ya?qa "Stange, Querbalken(!)" (Das CVC/CV?C-pattern ist rekurrent).

2. Beispiel

Zunächst zum Vorverständnis einige Beispiele aus außeramerikanischen Sprachen:

Im Mongolischen[22] etwa bedeutet tamir (das dem türk. tamyr entspricht) nicht nur "Sehne, Ader", sondern, in übertragener Bedeutung, auch "Stärke, Energie, Zähigkeit".

Andererseits gehören mongol. širbüsün (aus urmongol. *šir-bu-sun) und ewenk. sire-kte "Sehne (eines Tieres)" ganz klar zusammen mit ewenk. ds. "Bind- oder Nähfaden aus Sehnen", sire-n "Faden aus Roßhaar" (sekundäre Bedeutung ist hier historisch leicht nachzuweisen), gold. sire-xe "string, thread", korean. sil "Faden". Jukagirisch ist inzi "Sehne", ínze- "nähen".[23]

Solche Beispiele aus nichtamerikanischen Sprachen – sie ließen sich leicht vermehren – berechtigen uns dazu, auch auf unserem Gebiet der indianischen Sprachen Bedeutungsveränderungen nachzuvollziehen. Im Yuma (Langdon 1971:159) bedeutet š-a-kwíl^y "nähen". Über eine Grundbedeutung *Sehne könnte es plausibel zu ʔa-kwís "zäh" gestellt werden, zumal ein Wechsel s~l^y, der der semantischen Differenzierung dient, in Sprachen der Yuman-Familie häufig vorkommt. Darüber hinaus könnten gewisse Affixe in Sprachen der Yuman-Gruppe, deren Abtrennung durch interne Evidenz eindeutig gesichert ist, die aber oft unerklärt bleiben, in ihrer Funktion erklärt werden, wenn, wie hier, die Wortstämme selbst bedeutungsmäßig differenziert sind und ihr Bedeutungskern immer deutlicher herausgearbeitet werden kann.

Eventuell gehören auch die vollkommen unvergleichbar erscheinenden Bedeutungen von Quechua (Ayac.) sira- "nähen" und sirka "Ader, Vene" zusammen.[24]

Intern wird dies gestützt durch Imbab. angu "Ader, Vene", das identisch ist mit Ayac. anku "Sehne (besonders der Beine)"; "hart"; ankuta- (trans.) "die Füße (eines Tieres) binden", extern durch Maidu pak "Sehne", sedem paka "Ader" (s. = "Blut") (Shipley 1963), dazu Miwok N.S. pak-lɨ- "to sew" (!), Wintu SE kop "sinews", SW kop "blood vessels" (Shafer 1961).

Die Bedeutung macht also keine Schwierigkeiten. Die Zusammenstellung von sira- und sirka steht und fällt daher allein mit der Segmentierbarkeit des letzteren Wortes. Es gibt in der Tat massive Anzeichen dafür, daß es sich bei vielen derartigen Stämmen (von der Struktur (C)VCCV) um zusammengesetzte Bildungen (C)VC-CV handelt (vgl. Anm. 21).

3. Beispiel

Hirschberg & Janata (1980:117,151–2) führen bei den Materialien, aus denen Bodenbaugeräte wie Spaten und Hacken hergestellt werden, nur allgemein "Knochen und Geweihe" auf. Es besteht aber kein Zweifel, daß unter "Knochen" fast ausschließlich Schulterblätter zu verstehen sind.

Ein Blick in die ethnologische Literatur bestätigt dies ebenso wie ein Blick auf das Lexikon vieler Sprachen der ganzen Welt. Man vergleiche etwa für den nordamerikanischen Raum (Lindig & Münzel 1978:92): Die Bodenbearbeitung (bei den Irokesen) erfolgte:

> "...mit Hacken, die aus einem Holzstiel mit einer Klinge aus einem tierischen Schulterblatt...bestanden."

Von den Maispflanzern der Prärie ist zu lesen (148), daß deren Hacken "aus dem Schulterblatt eines Wapitis oder eines Bisons hergestellt..." waren.

Betrachten wir nun die lexikalische Seite. Zunächst ein Beispiel aus dem außeramerikanischen Bereich: Finn. lapa bedeutet sowohl 1. Tierschulter, Schulterblatt als auch einerseits 2. Spatenblatt, andererseits 3. Ruderblatt. In den verwandten samojedischen Sprachen[25] bedeutet *lap(a), wohl infolge der besonderen ökologischen Verhältnisse (hartgefrorener Boden, wenig Bodenbearbeitung, kulturelle Ausrichtung auf Meer und Binnengewässer) nur in einem Fall noch "Spaten, Schaufel": selkup. lappa, lappo; ansonsten nur noch "Ruder, rudern"; selkup. lab, lap , lappo, nenz. labea "Ruder", labe "rudern", waldnenz. rappea "R.", rappea "r.", enz. loba, lobi "R.", lobu, lobi "r." nganass. labang "R.", loba "r.".

Im indianischen Bereich wurde bisher auf derartige semantische Parallelen nicht aufmerksam gemacht. Findet sich aber nun in Sprachen, zwischen denen ein mutmaßlicher Zusammenhang besteht (entweder genetischer oder diffusionaler Art) der gleiche oder ein ähnlicher Wortstamm, mit jedoch scheinbar völlig divergierender Bedeutung, so lassen sich in manchen Fällen mit solch einfachem Zusatzwissen, wie es eben beschrieben wurde, die zwei scheinbar grundverschiedenen Bedeutungen auf eine plausible Ursprungsbedeutung, die beide verbindet, zurückführen.

Dies kann z.B. der Fall sein bei (Interior Coast-Salish) Kalispel lap "rudern, paddeln, mit dem Boot fahren" und (Wakashan) Kwakiutl ʔlap "graben" (Swadesh 1953:232). Die semantische Brücke kann hier das Instrument bilden, das in beiden Fällen aus einem Schulterblatt gefertigt war und mit dem die beiden verschiedenen Tätigkeiten ursprünglich ausgeführt wurden.

4. Beispiel

Maya (Yucatan) pik ist polysem: es bedeutet 1. fächern, 2. Getreide worfeln. Die Frage ist, ob es sich lediglich um zufällig homophone Wörter handelt, oder ob sich die beiden Bedeutungen vereinigen lassen. Es gibt aber vom Blickwinkel der mit diesem Wortstamm bezeichneten Tätigkeiten her keinen gemeinsamen Inhalt, der auf eine ursprüngliche Identität der Wortstämme hinweisen würde. Auch die bei beiden Tätigkeiten zu beobachtenden Bewegungen sind durchaus verschieden.

Völlig klar jedoch wird der Sachverhalt, wenn man sich wieder am Gegenstand orientiert, der zur Ausführung sowohl der einen als auch der anderen Tätigkeit dient. In den ethnographischen Beschreibungen der materiellen Kultur vieler Völker werden diese Geräte vorgestellt. Sie haben ein hohes Alter, was durch Abbildungen und Beschreibungen asiatischer Gerätschaften (vgl. Hirschberg & Janata 1980:269–70, Literatur:271–2); Steen 1948:289: Worfelwannen) belegt wird. Für unseren Zweck interessant sind die Abbildungen und Beschreibungen aus dem kalifornischen Bereich (Worfelwannen und

-körbe der Washo und Miwok in Barret 1917:48–9, Barret & Gifford 1933:230,234,328–9,330–1), aus der Karibik (Fächer) in Taylor und Moore 1948:336, aus dem Südosten der USA (Worfelwannen, s. Gettys & Watkins 1983:121–4, 129, und aus Zentral- und Südamerika (Fächer der Kuna in Holmer 1952:121 und solche der Aché in Clastres 1972:227).

Es handelt sich um fast identische Geräte für die beiden verschiedenen Tätigkeiten. Der wesentliche Unterschied zwischen Fächer und Worfelwanne besteht darin, daß der Fächer meist flacher ist als die Worfelwanne, die oft auch noch einen wenig ausgeprägten Rand besitzt. Form und sonstiges Aussehen dieser Flechtarbeiten sind jedoch ansonsten auffallend ähnlich, die Übergänge sind fließend. Griff oder Henkel können bei beiden Instrumenten vorhanden sein oder fehlen.

Bei weitreichenden Sprachvergleichen (egal ob es um diffusionale oder genetische Beziehungen handelt) können wir daher in Betracht ziehen, mit dem Maya-Wortstamm auch einerseits Miwok[26] pik-a- "Getreide worfeln", andererseits Kuna pik-pi "Fächer" (-pi = "Instrument"), (Tacanan) Chama e-pexi, e-wexi, Cavineña e-piki (e- ist prothetisch), "Fächer", (Panoan Amahuaca pɨ-pɨki (mit Anfangsreduplikation) "fächern", und (Tupi-Guaraní) Aché peka "Fächer", in Beziehung zu bringen.

Der Wert der Wörter- und Sachen-Methode, so schreibt Anttila (1972:291–2), ist besonders groß beim Studium semantischen Wandels. Um ihn zu verstehen, ist es notwendig, sich mit dem kulturellen Kontext auseinanderzusetzen. Das Studium semantischen Wandels stellt somit ein Begegnungs- und Austauschfeld zwischen Ethnologen und Linguisten dar. Die Methode sollte angewandt werden, wo immer möglich, da sie eine unabdingbare Voraussetzung für zuverlässige Rekonstruktionen des Proto-Lexikons darstellt.

5.7. Zur Frage der Quantität der Wortgleichungen

Abgesehen von der Frage der Qualität der lexikalischen Vergleiche stellt sich die Frage, wieviele lexikalische Entsprechungen für nötig erachtet werden, um eine Verwandtschaft zwischen den in Frage kommenden Sprachen so wahrscheinlich zu, machen, daß Zufall so gut wie ausgeschlossen ist.

Es ist festzuhalten, daß es kein verbindliches Kriterium für die notwendige Zahl gibt. Es läßt sich lediglich untersuchen, was von einzelnen Linguisten subjektiv als ausreichend angesehen wird. Hymes (1959:56) hat dies getan und faßt seine Beobachtungen in einer Skala zusammen:

California Penutian	(Pitkin & Shipley)	320
Mosan	(Swadesh)	265
California Penutian	(Dixon Kroeber)	175
Algonkian-Gulf	(Haas)	174
Uto-Azteco-Tanoan	(Whorf & Trager)	140
Washo-Karok	(Jakobson)	123
Na-Dene	(Sapir)	98
Algonkian-Ritwan	(Haas)	93
Natchez-Muzkogean	(Haas)	73
Washo-Hokan	(Dixon & Kroeber)	60
Mosan		
(Chehalis-Kwakiutl)	(Boas)	48

Haas hielt auch schon, so fügt Hymes hinzu, eine vorläufige Liste von 20 Algonkian-Rit-wan-Kognaten sowie eine synoptische Tabelle von 21 Algonkian-Gulf-Kognaten ausreichend für den Beweis genetischer Verwandtschaft zwischen diesen Gruppen.

Diese Auflistung sagt nichts über die Qualität der Wortgleichungen aus. Diese ist im Einzelfall zu untersuchen. Ein Beispiel für eine solche Untersuchung findet sich im Kapitel über Lexikostatistik (s. 5.3.6.4.).

Bei genügender Kenntnis der betreffenden Sprachen und bei methodischem Vorgehen kann sich herausstellen, daß große Teile des Vergleichmaterials hinfällig werden. Deshalb ist es unter Umständen nicht einmal zutreffend, daß diese Zahlen uns einen Anhaltspunkt geben, welcher Umfang an Wortgleichungen bisher erreicht wurde, wie Hymes (1959:567) meint. In gleicher Weise ist auch der darauf beruhende, von Hymes vorgeschlagene Durchschnittswert von wenigstens 70 Kognaten vollkommen willkürlich und letzten Endes irreführend. Nichts entbindet den Linguisten hier davon, das Qualitätsniveau der Vergleiche in mühevoller Kleinarbeit zu heben und dadurch empirische Daten bezüglich der zu erreichenden und zu erwartenden Quantität zu bekommen.

5.7.1. Neuere Vorschläge für genetische Beziehungen: Art und Umfang der veröffentlichten Evidenz

Ein Blick auf neuere Vorschläge für Sprachvergleiche, wie sie in dem von Campbell und Mithun (1979) herausgegebenen Aufsatzband etwa von Crawford (344–5, 345–6), Davis (412) und Campbell (966–7) gemacht werden, zeigt uns ebenfalls ein uneinheitliches Bild: Crawford führt als Beispiele für seine Ansicht, daß zwischen Yuchi und Atakapa einerseits und Yuchi und Tunica andererseits eine Verwandtschaft besteht, im ersten Fall 13, im zweiten Fall 12 Wortvergleiche an. Davis veröffentlicht ganze 7 Wortvergleiche zwischen rekonstruiertem Utoaztekisch und zum Teil rekonstruierten Keresan-Formen. Campbell schließlich veröffentlicht Teile seines Materials für einen Vergleich zwischen Jicaque und Tequistlatecan – es handelt sich um 22 Vergleiche. Auch wenn im letzten Fall erklärtermaßen und in den anderen Fällen vermutlich nur ein Teil des Materials veröffentlicht wird, ist auffällig, wie wenig Evidenz vorgelegt wird, um eine ausdrücklich behauptete genetische Verwandtschaft zu beweisen. Hinzu kommt, daß das Material z.T. sowohl aus phonetischen und semantischen Gründen als auch aus Gründen ad hoc vorgenommener Segmentierungen nicht überzeugend ist.[27] Dies ist umso erstaunlicher, als gerade Campbell für sichere Methoden beim Vergleich eintritt (vgl. dazu vor allem Campbell 1973:121–32). Legte man Campbells eigene strenge Maßstäbe an, würde von seinen Vergleichen ein großer Teil nicht aufrecht erhalten werden können.[28]

Geht man davon aus, daß die erste Veröffentlichung von Evidenz repräsentativ sein soll und in der Regel angestrebt wird, zur Unterstützung einer neuen Hypothese die schlagkräftigsten Beispiele zu veröffentlichen, so steht zu befürchten, daß in unseren Fällen nicht mehr viel zu erwarten ist.

Mit anderen Worten: Diese Hypothesen sind möglicherweise nicht überzeugender als viele, die im selben Band zurecht als zu wenig gesichert abgelehnt werden. Da aber diese Hypothesen in eben jenem Aufsatzband vorgelegt werden, der insgesamt eine sehr starke splitting-Tendenz zeigt, was die Zusammenfassung der Indianersprachen zu größeren Gruppen angeht, so ist die Gefahr durchaus gegeben, daß diese Vorschläge gerade deshalb ernster genommen werden und wieder bereitwilliger rezipiert werden, als sie es unter Umständen verdienen.

6. Der areale Vergleich

6.1. Der Begriff des Sprachareals

Der Begriff "linguistic area", der in der amerikanischen Sprachwissenschaft gebraucht wird, ist nach nhd. "Sprachbund" geformt und steht neben anderen im englischsprachigen Raum verwendeten Begriffen wie "convergence area" (vgl. Weinreich 1958) und "diffusion area". In dieser Arbeit wird der Begriff "linguistic area", der etwa von Emenau (1956) oder auch von Sherzer (1976) gebraucht wird, aufgegriffen und mit "Sprachareal" wiedergegeben.

Um von einem Sprachareal reden zu können, müssen in einem größeren geographischen Gebiet auffällige strukturelle Ähnlichkeiten bestehen zwischen genetisch nicht verwandten Sprachen (bzw. sehr entfernt verwandten Sprachen, die gegenseitig unverständlich sind).

Bei der Areallinguistik geht es also im Wesentlichen um extensive Diffusion struktureller Züge über genetische Sprachgrenzen hinweg.

Gegenstand der Arealuntersuchungen sind hauptsächlich phonologische und morphologische Züge, nicht lexikalisches Material.

Dies hat wohl zum einen den wissenschaftsgeschichtlichen Hintergrund, daß der arealtypologische Vergleich und die Diffusionsforschung oft im Gegensatz zur genetischen Forschung gesehen wurde und sich deshalb, im Gegensatz zur weitgehenden Fixierung auf lexikalisches Material beim genetischen Ansatz, mehr auf strukturelle Phänomene konzentrierte.

Zum anderen ist es sicherlich so, daß lexikalische Entlehnung leichter passiert als strukturelle Entlehnung. Dies bedeutet, daß lexikalische Entlehnung nicht immer so enge Kontakte zwischen den Sprachen voraussetzt wie dies bei struktureller Entlehnung der Fall ist.

Die Diffusion lexikalischen Materials wird im Anschluß an das vorliegende Kapitel behandelt.

Natürlich überschneiden sich die beiden Untersuchungsbereiche in der Forschung bisweilen, vgl. z.B. Kaufman 1973:477–80.

6.2. Der komplementäre Aspekt der Arealstudien zur genetischen Forschung

"The study of areal phenomena and linguistic diffusion will allow inference about the past culture history of the New World in a complementary way to those reached by the study of genetic relationship." (Kaufman 1973:481)

Worin dieser komplementäre Aspekt liegt, erläutert Hymes (1968:166): Genetische Sprachbeziehungen spiegeln in der Regel die sprachlichen Züge wieder, die am kommunikationsresistentesten sind. Deshalb ist die Arealforschung wichtig, als eine Ergänzung zum genetischen Ansatz. Die Geschichte einer Sprache ist eine Funktion ihrer Sprecher und kann nur mit Bezug zum sozialen Kontext studiert werden.

Sherzer & Baumann (1972:131) stellen fest

"Linguistics has long been recognized as a valuable tool in unraveling culture history. The types of historical linguistic relationships focused on, however, are genetic. Diffusional areal relationships provide valuable evidence of communicative contacts among groups and of the nature of this contact. Such relationships can be found in all aspects of language – syntactic-semantic, phonetic, and lexical – as well as in such uses of language as folklore."

Hinzu kommt, daß der genetisch anknüpfbare Anteil einer Sprache vom Umfang her oft sehr minimal sein kann, besonders wenn die Verwandtschaft eine sehr große Zeittiefe aufweist.[29] Und: Die kulturhistorisch interessanten Ergebnisse beziehen sich auf eine weit zurückliegende Zeit und auf einen Ort, der eventuell weit von der heutigen Sprache (oder Sprachgruppe) entfernt ist. Zeit und Raum lassen sich oft nicht mehr mit Sicherheit ermitteln.

Arealstudien beschäftigen sich dagegen mit rezenteren historischen Vorgängen.

Jeder Versuch, entfernte genetische Verwandtschaft zu beweisen, sollte gleichzeitig beurteilt werden im Hinblick darauf, was wir über Möglichkeiten und Tatsachen der Entlehnung wissen (vgl. Bright 1984:24). Sprache ist ein Schlüssel zur historischen Erforschung von Kontakten zwischen Ethnien, wie sie zu verschiedenen Zeiten immer wieder stattfanden. Deshalb fordert Boas (1920:369) daß das Ziel der vergleichenden Sprachwissenschaft nicht einseitig die Einordnung jeder Sprache in eine genetische "Schublade" sei, sondern ganz allgemein die historische Erforschung, egal ob es sich um diffusionale oder genetische Beziehungen handelt.

6.3. *Kurzer historischer Überblick*

6.3.1. Boas und seine Schüler

In der ersten Hälfte des 20. Jahrhunderts reagierte Boas auf evolutionistische Strömungen und psychologische Verallgemeinerungen in der Sprachwissenschaft mit der Forderung, jede Sprache (und jede Kultur) für sich zu betrachten.

In der Tradition Humboldts und Steinthals waren Boas und seine Schüler der Meinung, daß eine Grammatik die Sicht und Verbalisierung der Welt repräsentiere. Deshalb sollte jede Sprache synchron beschrieben werden, d.h. die Deskription sollte frei von historischen Aspekten gehalten werden.

Die Möglichkeit der Diffusion ist zwar nur implizit, nicht explizit behandelt, da das Interesse an der synchronischen Deskription im Vordergrund stand. Trotzdem lag die Chance für Ansätze zu arealtypologischen Vergleichsstudien in diesen Arbeiten. Denn im Gegensatz dazu sahen die diachronischen Studien die Sprachgeschichte nur vom Standpunkt der genetischen Beziehungen; Die Möglichkeit struktureller Beeinflussung und Entlehnung wurde unterbewertet.

6.3.2. Dixon, Kroeber und Sapir

Das Interesse an historischen Aspekten, also die Diffusionsdiskussion im engeren Sinn, bei der aus Arealphänomenen historische Schlußfolgerungen gezogen wurden, fand erst bei Kroeber, Dixon und Sapir seine Ausprägung. Obwohl auch von diesen Forschern genetische Verwandtschaftsbeziehungen untersucht wurden, stand dieser Aspekt nicht mehr in so ausschließlicher Weise im Vordergrund, wie es bis dahin der Fall gewesen war. Es war eine größere Bereitschaft zu spüren, Ähnlichkeiten der Diffusion zuzuschreiben. Um den neuen Ansatz zu illustrieren, sei hier kurz auf die Argumentation eingegangen, die Kroeber (1913) ausführlich vorgestellt hat. Kroeber stellte fest, daß bisher strukturelle Ähnlichkeit zweier Sprachen als ausreichende Evidenz für genetische Verwandtschaft angesehen wurde. Diese damals vorherrschende theoretische Annahme, daß nur grammatische Ähnlichkeit genetische Verwandtschaft beweist, wurde, so Kroeber, bis dahin nicht in Frage gestellt.

Formuliert wurde diese Position in deduktiver Spekulation über die Psychologie der Sprache und war somit ein Relikt der quasi-idealistischen Philosophie, wie es Kroeber (1913:392) ausdrückt. "Innere Form" der Sprache war mehr als der "Inhalt", "geistige Verwandtschaft" war mehr als die "Materie", der materielle Bestand der Sprache.

Unabhängig von der negativen Wertung, die er dieser Auffassung beimißt, stellt Kroeber fest, daß es sich hierbei jedenfalls auch um eine unhistorische Position handelt.

Kroeber bemühte sich zu zeigen, daß von der Form nicht gleich auf genetischen Zusammenhang geschlossen werden sollte. Sprachen verschiedenen Ursprungs konnten durchaus ähnliche Struktur aufweisen.

Eine Schlüsselrolle in der Beurteilung der Art der Verwandtschaftsbeziehungen nahm dabei die Berücksichtigung der geographischen Lage der betreffenden Sprachen ein. Finden sich Ähnlichkeiten in Sprachen, zwischen deren Verbreitungsgebiet eine weite Entfernung liegt, so daß es keine Anzeichen für rezenten historischen Kontakt gibt, so spricht viel für einen genetischen Zusammenhang, auch wenn sich Anklänge nur im Lexikon finden und die Struktur, der morphologische Typ verschieden ist. Gilt das gleiche für benachbarte Sprachen, so ist die Wahrscheinlichkeit gemeinsamen genetischen Ursprungs gering. Genetisch sicher nicht verwandt sind benachbarte Sprachen, die ähnliche Struktur aufweisen, lexikalisch aber völlig unterschiedlich sind.

So legen es die geographischen Gegebenheiten Kaliforniens in Verbindung mit der außergewöhnlichen dichten Besiedlung nahe, daß enger Kontakt zwischen den unterschiedlichsten Sprachen im Laufe der Zeit zu gegenseitiger struktureller und lexikalischer Beeinflussung geführt hat. Dies schlägt sich auch in der Art der Beziehungen nieder: Die verschiedenen gegenseitigen Beeinflussungen sind sehr zahlreich, aber zu inkonsistent, um auf genetischen Ursprung zu deuten.

Kroeber war auch einer der ersten, der bezüglich sprachlicher Arealähnlichkeiten auf den Zusammenhang mit kulturellen Ähnlichkeiten, etwa mit der jeweiligen Sozialstruktur hinwies: So gibt es in ansonsten unverwandten Sprachen Mexikos Reverentialsuffixe, was einhergeht mit der komplexeren Sozialstruktur und der sozialen Stratifikation in diesem Bereich (1913:391).

In zahlreichen Veröffentlichungen, die für lange Zeit die ersten und letzten sein sollten, unternahmen Dixon und Kroeber, z.T. jeder für sich, z.T. gemeinsam, Arealstudien, in denen es hauptsächlich um phonetische und grammatische Typen in Kalifornien ging sowie um deren regionale Eingrenzung.

Auch Sapir wies in einigen Veröffentlichungen (z.B. 1907, 1916, 1926) darauf hin, daß es zwischen Sprachen verschiedenen Ursprungs nicht nur im Bereich des Lexikons, sondern auch der Grammatik sekundäre Einflüsse gibt.

6.4. Die Tatsache grammatikalischer Diffusion

Bartholomew (1969) führt Beispiele dafür an, daß es keineswegs sicher ist, anzunehmen, daß grammatische Kategorien und ihre Markierungen resistenter gegen Entlehnung sind als Lexikon und Phonologie.

Das Beispiel der Sprachen der Otopamean-Gruppe in Mexiko zeigt, daß sowohl der Verlust des Kontrastes zwischen grammatischen Kategorien als auch die Einführung neuer Kontraste vorkommen.

In dieser Sprachgruppe finden sich einige grammatische Kategorien in einigen Sprachen, aber nicht in anderen Sprachen der gleichen Familie, was natürlich weder ein positiver noch ein negativer Beweis dafür bzw. dagegen ist, daß die Protosprache diese Kategorien besessen hat. So ist der Dual in einer der Otomi-Varietäten verloren gegangen. Die morphologische Unterscheidung zwischen obligatorischen und fakultativen Besitzverhältnissen bei Nomina ist im Otomi-Teil der Familie verlorengegangen, im Pame-Teil dagegen erhalten. Verbalaspekte wurden beträchtlich umgeformt. Die formale Markierung für den verbalen Plural hat sich von Präfixen zu Suffixen verändert. Dies gilt für alle Sprachen außer Matlatzinca und Ocuilteco. Mazahua sowie eine Varietät des Otomi, die Mazahua benachbart ist, unterscheidet Objekte danach, ob sie sichtbar oder unsichtbar, bzw. außer Sichtweite sind. Diese Unterscheidung wird in den anderen Sprachen nicht gemacht.

Bei der Otopamean-Gruppe handelt es sich um Mitglieder einer Familie, deren Verwandtschaft durch eine große Anzahl Kognaten und eine rekonstruierbare Phonologie für die Protosprache feststeht. Es handelt sich nach Bartholomew um eine Sprachfamilie, deren Zeittiefe in etwa der der romanischen Sprachen entspricht. Sie vermutet, daß der Verlust bzw. die Neueinführung grammatischer Kategorien oder die Modifizierung ihrer formalen Markierungen durch Kontakt mit anderen Sprachen dieses Gebietes ausgelöst wurde.

Die Unterscheidung zwischen genetischem Bestand und diffusionalen Entlehnungen läßt sich auch daran ablesen, wie stark jeweils Inhalts- und Ausdruckselemente bei sprachlichen Beziehungen eine Rolle spielen. Während beide beim genetischen Vergleich in den regelmäßigen Korrespondenzen meist kombiniert auftreten, kommt es bei diffusionalen Beziehungen meist nur auf der Inhaltsebene zur Übertragung von grammatischen Kategorien und syntaktischen Strukturmustern, wobei die Ausdruckselemente selbst autochthon bleiben.

Solche der Diffusion zugeschriebenen Anklänge können jedoch auch auf Zufall beruhen, meint Sapir (1916: in Mandelbaum 1949:458). Wir werden weiter unten sehen, wie die

Möglichkeit des Zufalls besser beurteilt werden kann, indem man arealtypologische Vergleiche nicht nur im im luftleeren Raum des rein linguistischen Ansatzes behandelt, sondern auch die kommunikativen Charakteristika der betreffenden Region in die Betrachtung miteinbezieht, also einen soziolinguistischen Ansatz verfolgt.

6.4.1. Die Boas-Sapir-Kontroverse

Boas' Hauptuntersuchungsgebiet war die Nordwestküste. Die Sprachen dieser Region weisen viele gemeinsame strukturelle Züge auf, obwohl keine klare genetische Verwandtschaft zwischen den einzelnen Sprachen und Sprachgruppen erkennbar ist. Boas' Folgerung daraus, daß solche strukturellen Züge quer durch offensichtlich unverwandte Familien gehen, war, daß Diffusion so weit gehen kann, daß sie eine evtl. frühere genetische Verwandtschaft ganz verdunkeln kann:

> "Languages may influence one another to such an extent, that, beyond a certain point, the genealogical question has no meaning." (Boas 1917, vgl. 1940:202)

Kroeber (1960:171) vertritt die Meinung, daß, auch wenn alle Sprachen eine gemeinsame Wurzel hätten, jenseits eines bestimmten vorhersagbaren Punktes die rekonstruierten Daten so vage und chaotisch werden, daß wir sie nie mehr mit Sicherheit miteinander verbinden können.

Sapir kam als Schüler Boas' später zu der von seinem Lehrer abweichenden Ansicht, daß, obwohl strukturelle Züge entlehnt sein können, andere, profundere Züge solchen Prozessen widerstehen und so als Indikatoren für genetischen Zusammenhang und als Abgrenzung gegen etwaige spätere diffusionale Züge dienen können (Sapir 1925). Bei diesen "profunderen" Zügen (vgl. oben 5.4.) handelt es sich um Züge von großer Arbitrarität und geringer Universalität, die zusätzlich so gut in das grammatische System der betreffenden Sprache integriert sind, daß die Möglichkeit der Übernahme durch Diffusion so gut wie ausgeschlossen ist.

Trotz der oft herausgestellten unterschiedlichen Auffassungen: Die sogenannte Boas-Sapir Kontroverse ist wohl, darauf weist Sherzer hin, etwas überzeichnet. Denn Boas konnte genetische Beziehungen akzeptieren, die über Powells vorsichtige Klassifikation hinausgingen und Sapir lieferte einige der besten Analysen der Diffusion strukureller Züge. Aber trotzdem bleibt die Tatsache bestehen, daß Boas glaubte, ab einer bestimmten Zeittiefe in einer Sprache diffusionale und genetische Züge nicht mehr trennen zu können.

6.5. Gründe für die Vernachlässigung des Spracharealkonzeptes

Die Vertreter der klassischen komparativen Methode erweckten den Eindruck, daß praktisch jeder Sprachwandel intrasystemische Ursachen hat. Aber auch wo man die Möglichkeit der Diffusion zuließ, glaubte man häufig, solche strukturellen Beeinflussungen vernachlässigen zu können, da sprachliche Züge sehr langsam und relativ selten übernommen werden.

Sherzer (1979:9) konstatiert eine Tendenz, sich nicht mit arealtypologischen Problemen zu beschäftigen und weist darauf hin, daß etwa Hoijer (1941, 1948a) der Ansicht ist, daß die Diffusion grammatischer Züge nur dort auftritt, wo es zu lexikalischer Entlehnung größeren Umfangs gekommen ist. Zwei Traditionen sind vor allem zu nennen, die die negative Attitüde gegenüber der Arealforschung begünstigen. Die eine ist eine sprachwissenschaftliche und setzt den Schwerpunkt bei der Erklärung der sprachlichen Verschiedenheit auf die genetischen Beziehungen.

Die andere Tradition ist eine ethnologische. Sie setzt den Schwerpunkt auf gemeinsame Kulturzüge, die auf Diffusion oder Konvergenz innerhalb eines gemeinsamen ökologischen Kontextes beruhen.

Kulturarealforschung war daher lange unabhängig von linguistischen Ansätzen betrieben worden.[30] Wenn man von der Erwähnung einiger lexikalischer Adaptionen absieht, wurden Sprache und Umwelt als voneinander unabhängig betrachtet.

Wenn die Daten der Kulturarealforschung mit linguistischen Daten in Verbindung gebracht wurden, dann nicht mit Aspekten der Spracharealforschung, sondern eher mit genetischen Klassifikationen. Die Spracharealarealarealgenetischen Diversität kamen dabei zu kurz (vgl. Greenberg 1963:68).

Es existiert also eine Tradition der Arealstudien, aber keine dominante (Sherzer 1976:10). Deshalb fehlte lange ein methodischer Rahmen für systematisch ausgeführte Studien, weshalb auch keine signifikanten Ergebnisse zu erwarten waren.

6.6. Drivers Kulturarealkonzept als Bezugsrahmen für Spracharealforschung in Nordamerika

Sherzer (1968) versucht diesem Mangel an methodischen Ansätzen entgegenzutreten, indem er das Kulturarealkonzept, das Driver (1961) für Nordamerika entwickelt hat, als Bezugsrahmen für die linguistische Diffusionsforschung vorschlägt, um signifikantere Resultate zu erzielen.

Sherzer plädiert dafür, alle Sprachen Nordamerikas in dieser Hinsicht zu untersuchen. Fragestellungen hierbei sind vor allem folgende: 1. Gibt es linguistische Areale oder Subareale innerhalb eines Kulturareals? 2. Gibt es linguistische Areale oder Subareale, die die Grenzen von Kulturarealen überlagern? 3. Gibt es linguistische Areale, die sich aus zwei oder mehr Kulturarealen zusammensetzen?

Es geht dabei letztlich um die Frage, ob Kulturareale und Sprachareale deckungsgleich sind. Abhängig von der Betrachtungsweise, der die Sprachen unterzogen werden, wurde diese Frage unterschiedlich beantwortet. Wissler (1917) betrachtete die Sprachenvielfalt Amerikas vor allem vom Standpunkt genetischer Beziehungen aus und kam daher zu der Meinung, daß Sprachfamilien mit den Kulturarealen, wie er sie auffaßte, zusammenfielen:

> "...the similarities of languages within a geographical, or culture area, are due to the expansion of the early parent stocks within their habitats, and to the long association made possible thereby." (1917:333)

Sapir, der bekanntermaßen eine differenziertere Vorstellung von Sprachbeziehungen hatte, äußerte sich zu diesem Thema nur sehr selten. Sherzer (1976:164-5) erwähnt, daß Sapir (1916) zwei Ansätze der historischen Sprachwissenschaft unterscheidet, den genetischen und den diffusionalen, und wies auf die Parallelen zwischen dem diffusionalen Ansatz und dem Kulturarealkonzept in der amerikanischen Ethnologie hin. Später zeigte Sapir jedoch in seinem berühmten Werk "Language" (1921a), daß innerhalb des gleichen Kulturareals oft Sprachen gefunden werden, die genetisch völlig verschieden sind. Kultur- und Sprachareale sind daher nicht analog aufzufassen.

Ansonsten aber wurden die beiden Ansätze getrennt behandelt: In der Ethnologie wurde der Kulturareal-Ansatz zu einer wichtigen Strömung, während das Spracharealkonzept, wie es von Dixon und Kroeber gebraucht wurde, wenige Forscher zu weiterführenden Studien anregte.

Ein Kulturareal ist per Definition ein Areal, in dem viele Kulturzüge ein charakteristisches Cluster bilden (vgl. z.B. Kroeber 1939, Driver 1961).

Es können so viele Züge zusammenkommen, daß es schwierig ist, die verschiedenen Kulturen eines Areals voneinander zu unterscheiden. Als extremes Beispiel führt Sherzer (1976:131) die Hupa-Karok-Yurok-Region in Nordkalifornien an.

An diesem Beispiel wird auch deutlich, daß die Sprecher voneinander völlig verschiedener, genetisch nicht (oder nur äußerst entfernt) verwandter Sprachen (Hupa gehört zur athapaskischen Sprachgruppe, Karok zu den hypothetischen Hokasprachen und

Yurok zum Algonkin-Ritwan-Phylum) sehr ähnliche und in Teilbereichen identische Kulturen annehmen können, wenn sie über einen längeren Zeitraum in einer bestimmten Region Kontakt miteinander hatten.

Dieser Sachverhalt verdeutlicht die oft gemachte Feststellung, daß Sprache, als der konservativste Teil der Kultur, sich weniger leicht verändert bzw. aufgegeben wird als andere kulturelle Züge, wie etwa aus Bereichen der materiellen Kultur.

Solche kulturellen Züge verbreiten sich leichter und schneller als sprachliche Züge (vgl. Sherzer 1976:131). Auch innerhalb der sprachlichen Züge scheint es eine Abstufung zu geben: grammatische Züge sind stabiler als etwa der Wortschatz.

Es geht also um die Frage, ob der Wandel der Sprachstruktur (auf phonematischem, semantischem oder grammatischem Gebiet) ein Teil des Kulturwandels ist oder ob er sich unabhängig von diesem vollzieht (vgl. auch Olmsted 1950:10–11).

Sherzer meint dazu, daß es zwei Gründe gebe, warum sich sprachliche Züge der Diffusion länger widersetzen. Erstens seien sprachliche Phänomene gewöhnlich unbewußter als andere kulturelle Phänomene. Wie bei jenen, so gebe es auch bei diesen eine Abstufung, was die Leichtigkeit der Diffusion angeht: Kulturzüge, die leicht entlehnt werden, seien beispielsweise Gegenstände, vor allem solche, die mit der Anpassung an neue ökologische Verhältnisse zusammenhängen, wie Werkzeuge und Kleidung. Am anderen Ende der Skala seien Züge angesiedelt, die engen Kontakt zwischen Gruppen erfordern, wie bestimmte Aspekte der sozialen Organisation, orale Literatur, und eben sprachliche Züge.

Damit sind wir an einem sehr wichtigen Punkt angelangt: Die Konvergenz sprachlicher Phänomene erfordert sehr engen, lang andauernden Kontakt zwischen Gruppen, einschließlich Bilingualismus. Sherzer folgert daraus, daß Übereinstimmung in einigen wenigen linguistischen Zügen für historische Schlußfolgerungen unter Umständen bedeutungsvoller sein können als Übereinstimmung in vielen nichtlinguistischen Zügen.

Cluster von vielen verwandten sprachlichen Zügen treten nur in Sprachen auf, die in einem zusammenhängenden Gebiet gesprochen werden und eng genetisch verwandt sind.

Deshalb ist die Definition eines Sprachareals, so wie es Sherzer auffaßt, nicht deckungsgleich mit der Definition eines Kulturareals.

6.7. Sherzers neue Definitionskriterien für Sprachareale

Von einem Sprachareal kann man reden, wenn die in Frage kommenden Sprachen einige diagnostische Züge gemeinsam haben. Einige Forscher, wie Masica (1976:172) sehen eine einzige Isoglosse als Minimalbedingung an, für andere ist die Anzahl der Isoglossen entscheidend, Sherzer (1973:760) spricht von "einigen Zügen".

Die Auswahl dieser diagnostischen Züge, so räumt Sherzer selbst ein, ist bis jetzt noch subjektiv.

Zusätzlich ist Evidenz – sprachliche wie außersprachliche – zu erwarten, die sowohl auf die Tatsache als auch auf die Art des Sprachkontaktes hinweist, der für die zu beobachtenden Ähnlichkeiten verantwortlich ist.

So wertet beispielsweise Hymes (1956:585–602) die Präsenz der zwei Laute f und f^w in den gegenseitig nicht verständlichen Sprachen Kalapuya und Molala als Evidenz engen, intimen Kontakts zwischen den beiden Gruppen.

Wird die Sprachstruktur, die normalerweise gegen Einflüsse von außen relativ stabil ist, durch den Kontakt zwischen den Sprechern verändert, so muß dieser Kontakt relativ eng gewesen sein, und zwar je stärker die strukturelle Veränderung, desto intensiver der Kontakt zwischen den Gruppen. Es liegt auf der Hand, daß diese Schlußfolgerungen, sollten sie sich als zutreffend herausstellen, für ethnologische und historische Forschungen von hohem Wert sind.

So läßt sich etwa für das Nordwestküsten-Plateau-Areal schlußfolgern, daß der Kontakt der hier ansässigen Gruppen sehr lange und intensiv gewesen sein muß. Obwohl die betreffenden Sprachen zu acht genetisch verschiedenen Familien gehören (Chemakuan, Hokan, Kutenaian, Na-Dene, Penutian, Ritwan, Salishan und Wakashan), haben ihre Kulturen sehr große Ähnlichkeit. Aber anders als im Fall der Hupa-Karok-Yurok-Region haben die Sprachen dieser Ethnien einen in ganz Nordamerika einzigartigen charakteristischen Komplex sprachlicher Züge gemeinsam.

Diese Region stellt also ein Sprachareal im oben erläuterten Sinn dar. In Sherzers Pionierstudie wurden nur solche Regionen, die einmalige Komplexe von Zügen aufweisen, als Sprachareale gewertet.

6.7.1. Zu untersuchende sprachliche Züge

Sherzer verzeichnet so viele sprachliche Züge wie möglich, um den Faktor der beliebigen Auswahl so gering wie möglich zu halten.

Hier ein Überblick (nach Sherzer 1976:130) über die Aspekte, auf deren Vorhandensein hin die Sprachen untersucht werden sollen:

Reihen von glottalisierten Verschlußlauten, laterale Laute, die Distinktion zwischen einer k- und einer q-Reihe; Instrumentalpräfixe beim Verb, Gebrauch von verschiedenen Verbalstämmen im Singular bzw. Plural (bzw. für Subjekt oder Objekt), Präfigierung von Personalpronomina bei Nomen und Verbum, ein nominales Kasussystem, Stammreduplikation, Inkorporation des Nomens ins Verb, pronominaler Dual, nominales Geschlecht, Markierung der Sichtbarkeit bzw. Unsichtbarkeit von Objekten bei Demonstrativa und die Existenz von nominalen Besitzklassen (alienabel/inalienabel).

All diese Züge sind, nach Sherzer, bereits in der einschlägigen Literatur erwähnt worden. Dazu kommen, auf den Vorschlag Sherzers hin, noch folgende Züge: Nasalisierte Vokale, glottalisierte Sonoranten, Markierung lokativ-direktionaler Verhältnisse am Verb, Markierungen, die die Quelle der Information bzw. die Evidentialität des Erwähnten am Verb ausdrücken, die Opposition zwischen Inklusivität und Exklusivität in der 1. Person Dual oder Plural bei Pronomen und das Vorhandensein von Numeralklassifikatoren.

Sherzer benützt für diese sprachlichen Züge, was die Verbreitung in einem Kulturareal betrifft, folgende Terminologie:

1. whole areal trait: Dieser Zug findet sich in allen Sprachen eines Kulturareals. 2. central areal trait: Dieser Zug findet sich in den meisten Sprachen eines Kulturareals, das Zentrum der Verbreitung liegt im Zentrum des Areals. 3. regional areal trait: Dieser Zug weist eine zusammenhängende oder fast durchgehende Verbreitung innerhalb einer Region eines Kulturareals auf und 4. family trait: Dieser Zug findet sich in einer Sprache x, die diesen Zug von der Proto-Sprache erhalten hat.

Einige besondere Aspekte sind zu erwähnen. So ist ein Problem bei der Untersuchung dieser Züge, daß das deskriptive Quellenmaterial, besonders der älteren Quellen, oft modernen wissenschaftlichen Ansprüchen nicht entspricht. Manches Material (Sherzer nennt es "präphonemisch") muß erst phonemisiert werden. Hierbei besteht die Gefahr, daß sowohl bei der ersten, ursprünglichen Aufzeichnung gemachte Fehler nicht erkannt werden als auch daß in der sekundären Analyse Fehler gemacht werden.

Ein weiteres Problem betrifft die Universalität der fraglichen Züge. Zu allgemein verbreitete Züge interessieren natürlich weniger als verhältnismäßig rare Züge.

In Anknüpfung an das "submerged features" Konzept Sapirs bzw. die "depth hypothesis" Teeters sind hier, wo es nicht um genetische, sondern diffusionale Züge geht, eher

Oberflächenaspekte der sprachlichen Struktur interessant als solche einer tieferliegenden Struktur.

6.8. Gegenüberstellung von Kultur- und Spracharealen

Die Gegenüberstellung von Kultur- und Spracharealen bei Sherzer (1976:133-64) sieht so aus: Zuerst werden für jede Region – die jeweils den Kulturarealen Drivers entspricht – die gemeinsamen Züge (whole areal trait, central areal trait, regional areal trait, family trait) aufgeführt. Im Anschluß daran werden die kommunikativen Charakteristika jeder Region ausführlich beschrieben.

Nach der Behandlung der Charakteristika eines Sprachareals sollten also die kommunikativen Charakteristika des Gebietes, so weit es möglich ist, betrachtet werden. Hier liegt die Betonung darauf festzustellen, warum eine Region zu einem Sprachareal wurde. Die Skala reicht hier von gegenwärtiger Mehrsprachigkeit bis zum Auftreten nach und nach sich abspielender Diffusion über Jahrhunderte hinweg trotz des Fehlens von Mehrsprachigkeit.

Untersucht werden sollten in diesem Zusammenhang Fragen bezüglich der Sozialorganisation, der Siedlungsformen, der Heiratsbeziehungen, des Handels, der Bevölkerungsdichte, der Sprachattitüden und der Zwei- oder Mehrsprachigkeit.

Sherzers ausführlicher Vergleich zwischen Kultur- und Spracharealen Nordamerikas führte zur Herausarbeitung von drei Typen soziokultureller oder kommunikativer Bedingungen (1976:165):

1. Relativ dünn besiedeltes Gebiet, kleine Gruppenorganisation, wenig sprachliche Diversität in genetischer Hinsicht, Kontakt zwischen den Gruppen Heiratsbeziehungen, in geringem Umfang Zweisprachigkeit.

Diese Charakterisierung trifft auf das große Becken, die östliche Subarktik und die Yukon-Mackenzie-Subarktik zu.

2. Dicht besiedeltes Gebiet, relativ kleine Grupenorganisaion, viele Sprachfamilien, konstanter enger Kontakt zwischen den Gruppen, viele Heiratsbeziehungen und umfangreiche Mehrsprachigkeit. Diese Charakteristika finden sich an der Nordwestküste, auf dem Plateau, in Nord-, Zentral- und Südkalifornien und im Pueblo-Gebiet.

3. Dorf- oder Stammesorganisation, wenig freundschaftliche Kontakte mit anderssprachigen Gruppen, kaum oder keine Mehrsprachigkeit: Dies trifft zu auf das Athapaskische, das Algonkin, das Siouan, Caddoan, und Tonkawan der Prärien, sowie auf das östliche Iroquoian, das östliche Siouan-Yuchian, das östliche Gulf und das östliche Caddoan.

Es ist zu betonen, daß der jeweilige historische Hintergrund erst herausgearbeitet werden muß (Campbell, Kaufman & Smith-Stark 1986, 1534), um sicherzustellen, daß eventuell vermeintliche Arealzüge nicht doch auf Zufall, Universalien oder gemeinsamer Herkunft beruhen.

6.9. Spracharealforschung in Mesoamerika [31]

1973 stellte Kaufman seine Ergebnisse der Forschungen im mittelamerikanischen Bereich vor. Zunächst gibt er eine Auflistung von kulturellen Zügen, die für Mittelamerika als Kulturareal charakteristisch sind (1973:459-60). Zur Zusammenstellung dieser Züge trugen Arbeiten von Kirchhoff (1943), Kroeber (1939), Driver & Massey (1957) und Driver (1961) bei.

Wenn man von ebenfalls existierenden genetischen Beziehungen einmal absieht, wird die außergewöhnliche sprachliche Vielfalt Mittelamerikas durch Konvergenz überlagert – nicht nur im lexikalischen Bereich, was schon länger bekannt war durch die Erforschung der Lehnwörter in diesem Gebiet – sondern auch im semantischen Bereich.

Mittelamerika wurde erst in jüngster Zeit als Spracharel erkannt. Deshalb gibt es jetzt noch keine erschöpfende Definition von sprachlichen Zügen in Mittelamerika, die diesem Areal zugeschrieben werden können (vgl. dazu Campbell in Campbell & Mithun 1979:955 oder Kaufman 1973:463).

Kaufman untersucht in seiner Studie vier sprachliche Bereiche, in denen aufgrund der Materiallage (es fehlen häufig gute deskriptive Grammatiken, Einzeluntersuchungen und Texte, die den arealtypologischen Vergleich ermöglichen würden) bereits jetzt Untersuchungen gemacht werden können:

1. Phonologische Elemente und Aussprache,

2. Grammatische Kategorien und morphologische Züge,

3. Metaphern bei der Lexembildung und schließlich

4. Lexikalische Entlehnung

Aufgrund der Materiallage wird nur der erste Punkt ausführlich behandelt (1973:466-9). Die Materialbasis bilden verschiedene (meist veröffentlichte) Quellen der folgenden Sprachen oder Proto-Sprachen:

Proto-Tequistlatec; Tlapanec; Proto-Otomí, Proto-Popolocan, Mazatec, Proto-Mixtecan, Mixtec, Amuzgo, Chatino, Proto-Zapotec, Chinantec, Chiapanec; Huave; Huichol, Aztec; Cuitlatec; Xinca B; Proto-Mayan, Tzeltal, Huastec; Proto-Mixe-Zoque; Proto-Totonacan; Tarasco; Coahuilteco; Comecrudo; Cáhita, Chilanga Lenca.[32]

Zu 1: Phonologische Systeme

S.470-2 werden die auffälligsten gemeinsamen phonologischen Züge dieser Sprachen aufgelistet sowie Seltenheiten und weitverbreitete Züge, die sich in Blöcken verschiedener Sprachen finden. S.469-70 werden Regionen genannt, in denen sich jeweils mehrere Züge quer durch genetische Gruppen hindurch häufen: Eine südöstliche, die Lenca, Xinca und Maya-Sprachen umfaßt, eine nordöstliche mit Huastec, Coahuilteco und Comecrudo, eine nordwestliche Region mit Cahita, Huichol, Aztekisch und Cuitlatec, eine nördliche Zentralregion mit Otomian, Popolocan, Mazatec, Mixtecan und Amuzgo, eine marginale Zentralregion mit Zapotec, Chiapanec, Huave und Tlapanec und so fort.

S.472-74 wird der Durchschnittstyp eines mittelamerikanischen Phonemsystems aufgestellt sowie die Abweichungen der einzelnen Sprachen und Sprachgruppen davon deutlich gemacht.

Zu 2: Grammatische Kategorien und morphologische Züge

Nach dem Vorbild der Studien Sherzers (1968, 1976) listet Kaufman 20 typologische Kategorien (Nominal-, Verbal- und andere) auf, die nach dem Vergleich mit Sherzer's Kategorien für die Erforschung speziell mittelamerikanischer Arealbeziehungen als relevant erachtet werden dürfen, sowohl was die Abgrenzung der mittelamerikanischen Sprachen insgesamt gegenüber den anderen Regionen des amerikanischen Doppelkontinents betrifft als auch die Einteilung der mittelamerikanischen Sprachen und Sprachgruppen untereinander.

Er legt jedoch keine systematische Untersuchung vor, so daß auch keine systematischen Folgerungen möglich sind.

Erste unsystematische Beobachtungen werden jedoch erwähnt und lassen vermuten, daß die weitere Erforschung dieser Phänomene sowohl für Ethnologen als auch für Linguisten interessant sein dürften. So gibt es etwa Numeralklassifikatoren nach Kaufman in Sprachen der Maya-Gruppe (Greenberg 1972:4 nennt Cholon, Chontal, Jacaltec, Pocomchi, Tzeltal, Tzotzil; Miram 1983 veröffentlichte eine Studie über Numeralklassifikatoren im yukatekischen Maya), im Tarasco, in der Totonacogruppe und "eventuell in anderen" Sprachen. Was den letzten Punkt angeht, führt Kaufman keine Beispiele auf, es sind zu nennen (wiederum nach Greenberg 1972:4) Nahuatl-Varietäten (Klassisches Nahuatl und Tetelcingo sowie schon nicht mehr im eigentlichen mittelamerikanischen Raum, aber in angrenzenden Gebieten Bribri, Chiripo, Cuna und Guaymí.

Manche grammatischen Züge scheinen die bereits nach phonologischen Kriterien aufgestellte westliche Region zu bestätigen.

Aus der Tatsache, daß fast alle mittelamerikanischen Sprachen ein vigesimales Zählsystem haben (z.T. neben einer subdezimalen Zählweise) scheint zu folgen, daß das Vigesimalsystem sich erst in rezenter Zeit verbreitet hat, vielleicht, nach Kaufman, durch die olmekische Kultur.

Schließlich legt die weitverbreitete, aber nicht durchgängig auftretende metaphorische Lexem-Formation (Kaufman 1977:81 vgl. oben 5.3.6.3.) nahe, daß früher Kontakte bestanden, die durch die jetzige geographische Verbreiterung der betreffenden Sprachen nicht mehr erkennbar sind.

Campbell berichtet, daß von den S.955-8 (1979) vorgestellten Zügen (auf phonologischem, grammatikalischem und semantischem Gebiet) sich einige finden, die allen mittelamerikanischen Sprachen gemeinsam sind, aber auch solche, die außerhalb dieses Gebietes vorkommen. Kaufman stellt zusätzlich fest, daß es Züge gibt, die einmal die eine, dann wieder die andere Teilregion Mittelamerikas miteinander verbinden. Und schließlich führt er aus:

> "...what remains unclear is whether there is a notable break between M(iddle) A(merica) and North America, and since our attestation of languages of the Circum-Caribbean area is poor how significant is the typolgical break between MA and the Circum-Carribean." (1973:480)

6.10. Probleme der klassifikatorischen Behandlung in Fällen von Sprachmischung

In vielen Fällen läßt sich der durch Sprachkontakt und Sprachmischung entstandene Anteil einer Sprache mehr oder weniger deutlich von einem, meist größeren, genetischen Anteil abgrenzen. Wie stark auch der Einfluß einer Sprache auf die andere ist: Solange immer *eine* als die genetisch ursprünglichere (bzw. als die, die von der Kontaktsituation verändert wurde) identifiziert werden kann, treten keine klassifikatorischen Probleme auf. Englisch kann als germanische Sprache klassifiziert werden, wenn auch noch so viele Wörter aus dem Französischen aufgenommen wurden, und Japanisch ist keine

Varietät des Chinesischen, nur weil hier ebenfalls ein massiver Anteil von Lehnwörtern vorliegt.

Die angestammte Sprache ist die, deren rekonstruierte Phonologie verantwortlich ist nicht nur für die Gestalt des ererbten Lexikons, sondern auch für die Gestalt des von der externen Kontaktsprache übernommenen Materials (vgl. Fortescue 1988:43).

Schwierig wird die Sachlage, wenn beide Anteile annähernd gleich groß sind, oder der genetische Anteil kleiner als der übernommene. Wie soll man eine solche Mischsprache klassifizieren? Das Stammbaum-Modell hat hier keine Gültigkeit mehr. Obwohl der Hauptbezugspunkt nach wie vor die genetische Klassifikation bleibt, bleiben bestimmte Typen von Mischsprachen übrig, die in kein traditionelles Klassifikationsschema passen.

Hinzu kommt, daß über einen langen Zeitraum mehrere Kontaktsituationen bestanden haben können, die alle ihre Spuren hinterlassen haben. Thomason, Grey und Kaufman (1988) unterscheiden in diesem Zusammenhang zwei Arten von Kontaktsituationen: Entlehnung (borrowing) und Sprachwechsel (language shift). Diese beiden Arten von Kontaktsituationen unterscheiden sich klar in ihren Auswirkungen und in den Resultaten, die sie auf der sprachlichen Ebene hervorbringen. Entlehnung führt hauptsächlich zu lexikalischen Interferenzerscheinungen (s. unser Kap. 7), Sprachwechsel hauptsächlich zu phonologischen und syntaktischen Interferenzerscheinungen.

Beim Sprachwechsel sind zwei Arten der Transmission zu unterscheiden. Die "normale" und die "abnormale". Die extremsten Produkte der sprachlichen Interferenz sind mit keiner der Sprachen genetisch verwandt, die zur Bildung ihres Wortschatzes und ihrer strukturellen Systeme beigetragen haben (näheres bei Thomason, Grey & Kaufman 1988). Anhand von Fallbeispielen aus verschiedensten Sprachen der Welt, u. a. auch aus dem Chinook Jargon an der Nordwestküste, läßt sich feststellen, daß das Kriterium für die Aufstellung dieser drei Typen die Übereinstimmung zwischen den lexikalischen und einigen oder allen grammatischen Subsystemen ist.

7. Erforschung lexikalischer Diffusion

Zur rein lexikalischen Seite sprachlicher Diffusion gibt es relativ wenige Studien (vgl.Sherzer 1976:9), obwohl es eine der ersten Aufgaben beim genetischen Vergleich wäre, lexikalische Ähnlichkeiten dahingehend zu untersuchen, ob gemeinsamer Ursprung oder Entlehnung, aber auch Zufallskonvergenz vorliegt. Die Tatsache, daß es zum Thema lexikalische Diffusion wenige Studien gibt und noch weniger theoretische Ansätze, läßt wiederum vermuten, daß einige angenommene genetische Zusammenhänge in Wirklichkeit diffusionale Anklänge sein könnten.

Bereits Boas (1889:49–51) hatte vorgeschlagen, solche Studien besonders im Hinblick auf kulturhistorisch interessante Fragestellungen zu erarbeiten.

7.1. Aspekte der Erforschung

7.1.1. Die Abgrenzung zwischen genetischen und diffusionalen Ähnlichkeiten

Sie ist in manchen Fällen schwierig (vgl.Whorf 1943:54). Das phonologische Erscheinungsbild allein sagt oft wenig:

> "after a ... time the features that mark a word as a loanword may become inobvious" (Whorf 1943:51)

In vielen Fällen freilich ist die Trennung von genetischen und diffusionalem Material aufgrund der verschiedenen phonologischen Merkmale noch möglich (vgl. Langdon 1971:170).

Pinnow (1969:82–102) führt allgemeine Richtlinien zur Bestimmung der Lehnwortquelle und -zeit an. Dazu zählen die kulturelle Entwicklung der Geber- und der Nehmer-Völker, die allgemeine Bedeutung der Sprachen (etwa als Handels- und Verkehrssprache), die Sprecherzahl, die geographischen Verhältnisse sowie historische Informationen. Zu linguistischen Kriterien zählen, nach Pinnow, allgemeine und spezielle Gesetze und Tendenzen der Lautentwicklung, die Häufigkeit des Vorkommens der betreffenden Etyma und die Zahl der in Frage stehenden Sprachen und Sprachgruppen. Und: Die bestimmte Form und Verteilung der Etyma in den verschiedenen Sprachen können Aufschluß geben über die Entlehnungsquelle und -zeit (vgl. unten 7.2.).

7.1.2. Verschiedene Schichten von Lehnwörtern [33]

Noch komplizierter wird der Fall, wenn in einer Sprache verschiedene Schichten von Lehnwörtern vorliegen. Als Faustregel gilt hier, daß Lehnwörter, die regelmäßige Struktur aufweisen, aus jüngerer Zeit stammen, daß dagegen solche, die unregelmäßige Struktur aufweisen, frühere Entlehnung repräsentieren. Nach Whorf (1947) gibt es im Bereich mittelamerikanischer Sprachen meist ältere, aber auch einen kleineren Anteil jüngerer Lehnwörter.

Es liegt auf der Hand, daß hier eine Korrelation mit anderen kulturhistorischen Daten wünschenswert ist. Und umgekehrt ist es aus kulturhistorischer Sicht wichtig, zwischen rezenten und früheren Lehnwörtern zu unterscheiden.

7.2. Lehnwörter und semantische Domänen

Wald (1978:395) weist darauf hin, daß direkter Kontakt zwischen Ethnien sich in der Regel dadurch manifestiert, daß in bestimmten kulturellen Bereichen Lehnwörter vorhanden sind, die durch ihr Auftreten in eben diesem Bereich kulturelle Einflüsse reflektieren. Whorf (1947:57) bringt für den mittelamerikanischen Bereich als Beispiel den lexikalischen Austausch zwischen dem Aztekischen (dem klassischen Nahuatl) und der Maya-Sprache Quiché. Die älteren Entlehnungen zwischen den beiden Sprachen deuten auf eine kulturelle Ungleichheit der Träger dieser Sprachen hin. Die kriegerischen Eindringlinge aus dem Norden waren anfangs in vielerlei Hinsicht den alteingesessenen Quiché kulturell unterlegen. Dieses Gefälle spiegelt sich im lexikalischen Bereich wieder. Bei den – phonetisch anders strukturierten – jüngeren Entlehnungen läßt sich keine kulturelle Ungleichheit zwischen beiden Ethnien mehr ableiten. Longacre (1977) zieht aufgrund der mixtekischen Lehnwörter im Trique in der Domäne der Krankheits- und Heilungstermini den Schluß, daß zu einer bestimmten Zeit eine kulturelle Überlegenheit der Mixteken über die Trique bestand:

> "In that the Mixtec loans are words referring to pathological states it is possible that the presence of these loans is another evidence of Mixtec cultural domination over the Triques. In this case we infer a situation involving Mixtec shamans and Trique clients". (1977:123)

7.3. Zur Frage der sogenannten "Pan-Amerikanismen"

Doerfer (1973:7) zitiert und vertritt Müllers (1870) Ansicht, daß eine "vollkommene Gleichheit des Klangs bei Wortformen" stets verdächtig ist (im Sinne eines zufälligen Gleichklangs). Finden sich also zwischen entfernt verwandten Sprachen einige wenige auffallend ähnliche Wörter - als Beispiel nannte Müller griechisch "kalein" und englisch "to call" - so kann es sich dabei oft um zufällige Konvergenz handeln. Seit den methodischen Fortschritten der Junggrammatiker werden solche Wörter in der Regel nicht mehr miteinander verbunden.

Natürlich ist es, wie Bright (1984:15) schreibt, nicht notwendig, alle Ähnlichkeiten zwischen indianischen Sprachen genetisch zu erklären. Bei dem Versuch, Indianersprachen miteinander zu vergleichen, von denen man annimmt, daß sie verwandt sind, wäre es aber eine unangemessene Schlußfolgerung, solche auffälligen Ähnlichkeiten oder Identitäten in jedem Fall von vorneherein als zufällig abzutun.

Geradezu an die Ausweglosigkeit der Lage von Beschuldigten in Hexenprozessen erinnert es aber (Pinnow 1985:38), wenn Etymologien ohne nähere Prüfung als falsch abgelehnt werden, wenn die Wörter nicht genau übereinstimmen, und wenn umgekehrt von "overresemblance" (Levine 1979:163) gesprochen wird, wenn die Wörter genau übereinstimmen.

Auch auf dem Gebiet der Indianersprachen Nord-, Mittel- und Südamerikas gibt es eine Menge von Ähnlichkeiten zwischen ansonsten sehr verschiedenartigen Sprachen. Campbell und Kaufman (1980) sprechen von "Pan-Amerikanismen". Am bekanntesten ist wohl die weite Verbreitung der Pronominalelemente der ersten Person Singular (/n/) und der zweiten Person Singular (/m/). Campbell und Kaufman schlagen vor, solche Ähnlichkeiten nicht in genetische Studien einzubeziehen und bevorzugen eine Erklärung solcher Anklänge durch diffusionale Vorgänge. Während die genetische Erklärung eine Hypothese voraussetzt, nach der ein Großteil der Indianersprachen miteinander verwandt ist, setzt die diffusionale Erklärung Multilingualismus voraus.

> "...in ancient times, structural elements were borrowed on a large scale among genetically distinct languages of Native America, in an environment of widespread bilingualism or multilingualism." (Bright 1984:14)

Wir sollten uns in jedem Falle davor hüten, ohne nähere Prüfung im Einzelfall, der einen oder anderen Erklärung den Vorzug zu geben. Auch die so einleuchtend erscheinende Hypothese der Mehrsprachigkeit bringt ihre Schwierigkeiten mit sich. Im Falle der pronominalen Elemente /n/ und /m/ für die erste bzw. zweite Person Singular scheint die diffusionale Erklärung die naheliegenste für die Ähnlichkeiten zwischen den als Penuti- und den als Hoka-Sprachen klassifizierten Sprachen Kaliforniens zu sein. Schwieriger wird es für die Vertreter der Mehrsprachigkeitshypothese schon, entsprechende Ähnlichkeiten oder Identitäten zwischen Sprachen, für die kein historischer Kontakt nachgewiesen ist, zu erklären. So finden sich ähnliche pronominale Elemente nicht nur in Penuti- und Hoka-Sprachen Kaliforniens, sondern unter anderem auch in nördlichen Penuti-Sprachen wie Chinook, Takelma, Tsimshian, Sahaptian und Klamath, in Algonkin-Ritwan, im Yukian, in Utoaztekischen Sprachen, im Tanoan, in Gulf-Sprachen, im Totonacan und in der Zoque-Gruppe Mittelamerikas, in Chibcha, in Arawak, in Carib-, Ge- und Pano-Sprachen, im Aymara, Mapuche und in der Patagon-Gruppe Südamerikas, so daß die Verbreitung dieser Ähnlichkeiten vom Nordwesten der Vereinigten Staaten bis zur Magellan-Straße Südamerikas reicht. Alle diese Entsprechungen als Ergebnis von zufälliger Konvergenz oder als diffusionale Beziehung aufgrund von Multilingualismus zu erklären, dürfte mindestens ebenso schwer fallen, wie einen gemeinsamen genetischen Ursprung aller dieser Formen plausibel zu machen. Darauf weist auch Greenberg (1987:49) hin.

Was die Möglichkeit einer genetischen Erklärung angeht, so plädiert Swadesh (1954:314) gegen die kategorische Annahme, alle auffälligen lexikalischen Ähnlichkeiten zwischen entfernt verwandten Sprachen seien der Diffusion zuzuschreiben:

> "Even very divergent cognate languages are likely to have a few true cognates to be 'ringers', for example Russian nos 'nose' or tri 'three'."[34]

Swadesh bringt, an gleicher Stelle, ein Beispiel aus dem indianischen Bereich: Maidu sim(i), Quechua simi "Mund".

7.4. Der zu erwartende Anteil von Lehnwörtern zwischen Indianersprachen

7.4.1. Abhängigkeit von der Enge des Kontaktes zwischen den Ethnien

Das Problem der intensiven Entlehnung lexikalischen Materials stellt sich besonders bei solchen Ethnien, die ein exogames Heiratssystem aufweisen und wo in einer Ansiedlung mehrere verschiedene Sprachen oder Sprachvarietäten gesprochen werden. Als Beispiel für Südamerika bringt Key (1979:17,77) die Tucano-Völker und die Auca. Analog zur arealtypologischen Forschung, die eine Korrelation der sprachlichen Besonderheiten mit der Kulturarealforschung erfordert, ist auch hier, auf lokaler Ebene, Korrelation mit Studien über die soziale Situation der Ethnien vonnöten.

7.4.2. Abhängigkeit von der Sprachstruktur

Pinnow (1987:282) weist uns darauf hin, daß es ganz offensichtlich entlehnungsfreudige "fremdwortfreundliche" (Sprachen wie z.B. Tsimshian, das massenhaft Lehnwörter aus den Na-Dené-Sprachen aufweist) und "fremdwortfeindliche" Sprachen gibt. Es gibt Fälle, in denen trotz enger Nachbarschaft und langen Kontakts kaum Wörter von der einen in die andere Sprache entlehnt werden, wie das etwa bei den athabaskischen Sarsi der Fall ist, die kaum Lehnwörter von ihren algonkinsprechenden Nachbarn, den Blackfoot, aufgenommen haben. Die ebenfalls athabaskischen Navajo haben kein Lehnwort für den Elefanten, sondern gebrauchen eine Umschreibung, die aus eigenem Sprachmaterial gebildet ist und übersetzt "der, der mit seiner Nase Lasso wirft" bedeutet. Ob "Fremdwortfreundlichkeit" oder "Fremdwortfeindlichkeit" aber nur eine soziologische Angelegenheit ist, die sich etwa auf der Ebene der Sprachattitüde abspielt, oder ob andere Mechanismen dahinterstecken, geht aus diesem Beispiel nicht hervor.

Auch Key (1979:75) erwähnt nur kurz, daß bei den Arawak gewisse sprachliche Erscheinungen dazu führen, daß Bezeichnungen für neu eingeführte Gegenstände wie Metall, Glas, Plastik, Kruzifix nicht übernommen werden, sondern mit eigenem Sprachmaterial gebildet werden. Wie kann man sich einen solchen Vorgang vorstellen?

Mithun (1983:237) zeigt anhand des Beispiels Englisch/Irokesisch, daß die lexikalische Überfremdung einer Sprache von ihren strukturellen Eigenheiten abhängen kann. Davon ausgehend, daß die Indianersprachen untereinander strukturell durchaus größere Unterschiede aufweisen und unterschiedliche typologische Indices besitzen (vgl. 8.4.), kann man vielleicht auch hier mit einer Ursache für die unterschiedliche Bereitschaft zur Aufnahme fremden Materials rechnen.

Mithun schreibt dem Englischen ein "opakes" System zu, das gekennzeichnet ist durch vorwiegend unanalysierbare Wörter mit semantischer Bandbreite. Die polysynthetischen Sprachen besitzen dagegen eher ein "transparentes" System. Dieses erlaubt den Sprechern vieler indianischer Sprachen neue lexikalische Begriffe je nach Bedarf und Kontext zu kreieren. Dabei können bisher nicht existierende Begriffe und Gegenstände aus bereits vorhandenem Material neu gebildet bzw. bezeichnet werden.

> *"Furthermore, if a speaker does combine existing pieces in a new way to create a new word, the audience will be able to interpret it. Speakers of more analytic languages may not be so lucky...A speaker would be forced to circumlocute syntactically, or invent an entirely new word out of nowhere."*

Da ein Sprecher letzteres natürlich in der Praxis nicht machen wird, bleibt nur die Übernahme eines fremden Wortes.

> *"Many American Indian languages show much less European infiltration than might be expected, in light of the quantity of new objects and concepts that have arrived with such insistence in the recent past" (Mithun 1983:238).*

Neubildungen mit Hilfe von spracheigenem Material verhindern also die Aufnahme neuen Materials (nicht nur aus europäischen Sprachen) und die daraus folgende Überfremdung.

Da es aber klar ist, daß die amerikanischen Indianersprachen typologisch nicht homogen sind, wie dies noch anfangs angenommen wurde, sondern jeweils eine Mischung verschiedener typologischer Züge darstellen und diese Züge synchron verschieden gewichtet sind – hier relevant ist z.B. der Grad der Inkorporation – so ist zu erwarten, daß es, in Abhängigkeit von den typologischen Eigenschaften verschiedener Sprachen, auch zu verschieden starker Aufnahme von lexikalischen Erneuerungen gekommen sein kann.

Im Fall der Indianersprachen ist zu beachten, daß die geistigen, aber auch die materiellen Kulturunterschiede untereinander meist nicht so groß waren, wie sie später zu den eindringenden Trägern der europäischen Sprachen bestanden. Natürlich dürfen hierbei nicht nur automatische, sprachbedingt mechanistische Vorgänge angenommen werden, sondern es müssen auch soziokulturelle Gegebenheiten, etwa eine vorhandene oder fehlende Bereitschaft (oder positive/negative Attitüde) zur Aufnahme von Lehnwörtern in Betracht gezogen werden.

Dies kann jedoch nur im Einzelfall entschieden werden.

8. Der typologische Vergleich

8.1. Typologischer Vergleich als Ergänzung zum genetischen Ansatz

Die Grenzen der Produktivität der genetischen Methode werden umso sichtbarer, je mehr sie im Vordergrund des wissenschaftlichen Interesses steht. Obwohl Grammatiken und anderes modernes deskriptives Material schon seit längerer Zeit zur Verfügung stehen, wird beim Sprachvergleich erstaunlich wenig Gebrauch davon gemacht. Dies ist sicher auch eine Folge des mangelnden Austausches zwischen den linguistischen Richtungen. Entweder, so schreibt Kroeber (1960:172), ist das Interesse am nicht-genetischen Vergleich gering oder aber es existiert zu wenig Wissen darüber, wie ein fruchtbarer Vergleich auf nicht-genetischer Ebene durchführbar ist. Nach Kroeber ist es nicht möglich, zu einer abgerundeten Klassifikation zu gelangen ohne Vergleich über genetische Grenzen hinweg (Kroeber 1960:171).

Aber auch in Fällen, in denen nichts Gesichertes über genetische Zusammengehörigkeit bekannt ist, ist es ratsam, eine Untersuchung über typologische Unterschiede oder Gemeinsamkeiten anzustellen. Besonders auf dem Gebiet der Indianersprachen ist es notwendig, alle zur Verfügung stehenden Vergleichsmethoden auszunützen, nicht nur, um eine Kompensation des Mangels an schriftlichen Quellen (und damit an früheren Sprachstufen) zu erreichen, sondern auch um ganz allgemein ein möglichst genaues Bild von der Gliederung der sprachlichen Vielfalt zu bekommen.

Kaum ein Ethnologe oder Historiker wird daran interessiert sein, zu erfahren, daß die nordamerikanische Caddo-Sprache in einem bestimmten Zug, nämlich dem Vokalsystem, mit dem Arabischen übereinstimmt (vgl. Lehmann 1969:54) – solche Verbindungen zwischen den verschiedenen Sprachen der Welt ließen sich in großer Zahl aufführen. Solcher rein sprachwissenschaftlich-typologischer Vergleich, wie er zwischen ansonsten disparaten Sprachen möglich ist und praktiziert wird, ist für ethnologische Fragestellungen nicht relevant. Die Versuchung liegt daher nahe, typologischen Vergleich insofern mit genetischen Fragestellungen zu korrelieren, als man versucht, auf dem Umweg über typologische Ähnlichkeit zur Entdeckung genetischer Beziehungen (oder zur Bestätigung vermuteter Beziehungen) zu gelangen. Dies ist aber problematisch, da der Typ wohl nicht stabiler ist als genetische Verwandtschaft.

8.2. Schwächen der morphologischen Typologie

Die alte deduktive und ethnozentrische Typologie war, wie wir oben (1.5.) gesehen haben, in eine Sackgasse geraten (vgl. Kroeber 1960:172). Natürlich ist es eine willkürliche Einteilung, eine Sprache nur mit einem Etikett (isolierend, agglutinierend, flektierend oder inkorporierend) zu versehen.

Wir haben im Kapitel über die Entwicklung der morphologischen Typologie gesehen, daß die Indianersprachen von den amerikanischen Forschern als mehr oder weniger gleichartig angesehen wurden. Revidiert wurde diese Ansicht von der typologischen Einheit umso mehr, je bekannter die Sprachen wurden, d.h. je mehr moderne deskriptive Arbeiten vorlagen. Es wurde immer klarer, daß auch innerhalb der indianischen Sprachen ein breites typologisches Spektrum anzutreffen war: Bei einigen war die Inkorporation vorherrschend, andere zeigten Flexionserscheinungen, die an indogermanische und semitische Sprachen erinnerten, und schließlich kannte man aus dem mittelamerikanischen Raum Tonsprachen.

Ferner wußte man: Obwohl Englisch als indogermanische Sprache klassifiziert wird (vom genetischen Standpunkt aus), ist bekannt, daß es z.B. sehr starke agglutinierende Züge aufweist, der Anteil der Flexion ist vergleichsweise gering (Anttila 1972:312).

Ebenso macht die morphophonemische Analyse (d.h. die interne Rekonstruktion) das synthetische Oneida (Iroquoian) – Wort luuyaks "they (masc.) eat berries" zu einer perfekten agglutinierenden Sequenz: hla-wa-ahy-k-s "3rd person/masc-pl-berry-eat-continuous/present" (Anttila 1972:312).

Wie sollte man also der Tatsache gerecht werden, daß es offensichtlich "Mischtypen" gibt, sich also verschiedene Verfahren in ein und derselben Sprache finden?

8.2.1. Vorschläge zur Erweiterung der Kriterien

Ansätze, die Kriterien zur Aufstellung von morphologischen Typen zu erweitern, gab es schon sehr früh. So schlug Wundt (1900,II:436) als Kriterium zwölf Gegensatzpaare vor, mit deren Hilfe Typen aufgestellt werden konnten. Darunter z.B. Präfix- vs. Suffixsprachen, Sprachen mit speziell elaborierten verbalen vs. nominalen Formen.

Vorschläge für Klassifikationen nach einzelnen typologischen Erscheinungen gab es immer wieder. Bekannt wurde in unserem Bereich der Vorschlag Holmers (1956:52-9), die indianischen Sprachen in ihrer Gesamtheit in zwei strukturelle Haupttypen, den Präfix- und den Suffixtyp zu gliedern. Beim ersten Typ werden die possessiven und personalpronominalen Bildungselemente dem Nomen oder Verbum vorangestellt, beim zweiten angehängt. Die meisten amerikanischen Sprachen gehören dem ersten Typus an, der zweite ist viel seltener vertreten.

Darüberhinaus teilte Holmer die Indianersprachen anhand der Pronomina in zwei Typen ein: In den pathozentrischen Typ (des "Erleidens") und in den ergozentrischen Typ (des "Tuns"). Das Kriterium gibt das Possessivpronomen "mein" ab: Wenn es dem Objekt-Pronomen "mich" entspricht, gehört die Sprache zum pathozentrischen Typ, wenn es dem Subjekt-Pronomen "ich" entspricht, gehört die Sprache zum ergozentrischen Typ.

Die Auswahl der als Kriterium für typologische Klassifikation herangezogenen Züge ist immer zu einem gewissen Grad willkürlich. Jede derartige Klassifikation sollte aber letztlich auf allen Teilsystemen einer Sprache beruhen, auf den lautlichen wie auf den semantischen und grammatikalischen (Lehmann 1969:50). Nicht Einzelmerkmale, sondern ihr Zusammenspiel sollten jeweils eine Sprache typologisch bestimmen, zumal, wie wir gesehen haben, keine Sprache eindeutig einem einzigen Typ zugeordnet werden kann.

8.3. Sapirs Ansatz

Sapir (1921) klassifizierte Sprachen zwar noch als einheitliches Ganzes, aber nach dem Grad, in dem bestimmte strukturelle Kategorien in ihnen ausgeprägt waren. Damit hatte er einen wesentlich flexibleren Charakterisierungsapparat vorgeschlagen, als es bisher der Fall gewesen war. Dieser mehrdimensionale Ansatz wird dem komplexeren Befund der Sprachenvielfalt gerechter. Sprachen entwickeln, nach Sapir, vier Grundtypen von Konzepten:

I. basic concepts	(grundlegende Konzepte)
II. derivational concepts	(derivationelle Konzepte)
III. concrete relational concepts	(konkrete relationale Konzepte)
IV. pure relational concepts	(abstrakte relationale Konzepte)

I und IV sind universal auftretende Konzepte, II und III sind fakultativ auftretende Konzepte.

Bei den grundlegenden Konzepten geht es um Objekte, Handlungen und Eigenschaften. Die konkret-relationalen Konzepte zeigen im Unterschied zu den derivationellen Konzepten Beziehungen auf, die über das Wort hinausgehen, an das sie unmittelbar angefügt sind. Die rein abstrakten relationalen Konzepte setzen konkrete Elemente zueinander in

Beziehung, was durch Wortstellung, Partikel oder innere Modifikation ausgedrückt werden kann.

Zu diesen tiefen, signifikanten Parametern der Klassifikation kommen zwei externe, materielle, nämlich der Grad der Synthese und die Technik (z.B. Fusion, Agglutination). Den alten flektierenden Typus nennt Sapir "symbolic". Der Terminus "fusional" bezieht sich auf Fälle einer Modifikation von zugrundeliegender Agglutination.

Diese Termini sind wiederum relativ: Eine Sprache kann von einem bestimmten Blickwinkel her als analytisch, von einem anderen her als synthetisch bezeichnet werden.

Aus der Kombination des Ausdrucks dieser Konzepte ergeben sich vier Typen:

A	pure-relational nonderiving (simple) languages	(I+IV)
B	pure-relational deriving (complex) languages	(I+II+IV)
C	mixed-relational nonderiving (simple) languages	(I+III+IV)
D	mixed-relational deriving (complex) languages	(I bis IV)

Zu A: Keine Derivation, keine grammatikalischen Morpheme (Chines.). B: Wie A, Lexeme können aber aus mehreren Bestandteilen bestehen. C: Ohne Derivation, mit grammatikalischen Elementen (Französ.). D: Flektierende, viele agglutinierende Sprachen.

Daraus ergibt sich ein drei-Parameter-Klassifikationsschema:

1. Fundamentaler Typus: I, II, III, IV (s.o.)
   Betrifft die sprachlich ausgedrückten Konzepte.

2. Technik:
   Isolierend (die Wörter werden durch Stellung etc. in Beziehung gesetzt); agglutinierend, fusional, symbolic: die Beziehungen werden im Wort ausgedrückt)

3. Grad der Synthese:
   Analytisch, synthetisch, polysynthetisch;
   Anzahl der Morpheme pro Wort.

Auf diese Weise wird etwa Türkisch als "complex pure-relational agglutinative synthetic", Chinesisch als "simple pure-relational isolating analytic", Englisch als "complex mixed-relational fusional analytic" bezeichnet.

Französisch wäre also etwa weniger synthetisch, mehr analytisch als Latein, Latein weniger synthetisch als Nootka.

Die Nachteile dieses Schemas bestehen darin, daß es sich beim Sprachvergleich schwer anwenden läßt; exakte Details lassen sich auch mit diesem Schema nicht ausdrücken. Immerhin war mit diesem Schema der erste Schritt in Richtung auf quantative Merkmalsbestimmungen gemacht.

8.4. Umfassende Systematisierung mit Hilfe der typologischen Indices der quantifizierenden Methode Greenbergs

Greenberg weitete 30 Jahre nach Sapir, aufbauend auf dessen Ideen, die Multi-Parameter Typologie aus, um exakte Zahlenwerte zu bekommen (vgl. Anttila 1972:314). Er ersetzte die Klassifikation nach einem pauschalen Typus durch eine Einordnung nach individuellen Kriterien. Damit stand also erstmals eine Methode zur Verfügung, die es ermöglichte, alle sprachlichen Teilsysteme zu einer einheitlichen Klassifikation zu verbinden.

Greenbergs Klassifizierungsansatz betrachtet die Sprachen also nicht mehr in intuitiver und kompromisshafter Weise als einheitliches Ganzes, wie es Sapir noch getan hatte. Er vergleicht die einzelnen Züge oder Kategorien miteinander und entwickelt so eine Meßskala, die den Grad der Entwicklung jedes Zuges durch einen numerischen Index ausdrückt.

Der zusammengesetzte typologische Index ist somit eine Ansammlung von einzelnen Indices vieler Züge.

Dadurch wird es möglich, zahlreiche Kombinationen von Zügen herzustellen. Dies ermöglicht eine bessere analytische Durchdringung und flexiblere Beschreibung der tatsächlichen Verhältnisse.

Während Sapir vom Sprachgebrauch abstrahierte und einen Teil des Zeicheninventars studierte, nahm Greenberg (1960) den Sprachgebrauch als Ausgangspunkt, um die Häufigkeit morphosyntaktischer Züge zu untersuchen. Er untersuchte Sprachmaterial, das aus 100 Wörtern fortlaufenden Textes bestand und errechnete daraus verschiedene Verhältnisse zwischen den Elementen und den Relationen (vgl. Tovar & Faust 1976:244–5). So konnte z.B. eine Sprache wie Eskimo mit verschiedenen Indices konfrontiert werden. Der Index für Synthese etwa errechnete sich aus der Anzahl der Morpheme geteilt durch die Anzahl der Wörter, der Index für Agglutination aus der Anzahl der Morphemgrenzen und so fort. Auf analoge Weise wurden die Indices für Komposition, Ableitung, Prä- und Suffigierung, Isolation usw. errechnet. Daraus ergibt sich ein typologisches Kontinuum, das durch Zahlenwerte unterteilt wird, die die Grenzen zwischen den einzelnen Typen angeben. Somit kann die Grenze für den analytischen

Typus nun gezogen werden (von 1.00 bis 1.99), ab 2.00 beginnt der synthetische Typ (er reicht bis 2.99), 3.00 und darüber ist der Bereich der Polysynthese, 0.50 und darüber der der Agglutination; perfekt isolierend ist mit z.B. 1.00 das Vietnamesische, das Eskimo hat demgegenüber einen Wert von 0.02 (0) für die Isolation.

Dieser quantitative Ansatz macht vorurteilsfreiere, sowohl breite als auch spezifische Antworten möglich (Kroeber 1960:176), die es erübrigen, sich auf Intuition zu verlassen.

> *"Indem wir jeweils von getrennten Indexzahlen für die einzelnen Kriterien ausgehen, umgehen wir die Schwierigkeit, das Türkische als agglutinierende Sprache im Gegensatz zu einer angeblich flektierenden Sprache wie dem Englischen bezeichnen zu müssen."* (Lehmann 1969:56–7)

Kroebers Vermutung (1960:177), daß eventuell innerhalb und quer zu genetischen Gruppen erhellende (Un)Ähnlichkeiten entdeckt werden könnten, läßt sich bis jetzt nicht bestätigen, da die Methode wegen ihrer schweren Anwendbarkeit in der Praxis – die Anzahl der Parameter ist sehr groß – bis jetzt kaum angewendet wurde (Tovar & Faust 1976:245).

Greenbergs Indexmethode bestätigt übrigens Polysynthese und Isolation als tatsächliche Klassen, Agglutination und Flektion dagegen nicht, was im Gegensatz zu einer eurozentrischen Sicht der Dinge steht (Kroeber 1960:174).

8.5. Probleme des quantitativen Ansatzes; Vorteile des immanent-typologischen Ansatzes

Ein solches quantifizierendes Vorgehen sollte nach Altmann & Lehfeldt 1973 auf möglichst vielen und möglichst ungewichteten Merkmalen beruhen. Die statistische Auswertung dieser Merkmale entscheidet dann über die typologische Einordnung der betreffenden Sprache. Brettschneider (1980:17) weist darauf hin, daß dies jedoch sowohl in der Praxis als auch in der Theorie unmöglich sein dürfte. Jede Merkmalsauswahl kann nur subjektiv sein und ist von der Fragestellung, dem Erkenntnisinteresse und dem Erkenntnisziel abhängig.

Es ist bei der Hypothesenbildung sicher legitim und wichtig, die Daten einer Vorauswahl zu unterziehen; Unabdingbar ist dann allerdings Objektivität bei der Überprüfung dieser Hypothesen (Ellegard 1974:12).

Brettschneider (1980:19) schlägt daher sogar vor, den Begriff "Sprachtyp" als definierbaren Begriff aus der Terminologie zu eliminieren. Statt dessen sollte die Wissenschaftssprache eine größere Zahl von terminologischen Konstrukten verwenden, die sich je nach Fragestellung und Erkenntnisstand modifizieren lassen. Er nennt hierbei Termini wie "Ergativ-Sprachen", "SOV-Sprachen", "Klassensprachen".

Alle diese Typologisierungsvorschläge versagen jedoch bei der Aufgabe, die Besonderheit einer Sprache als Ganzes zu beschreiben und vor allem das jeweils andersartige funktionale Bauprinzip, das hinter den grammatischen und strukturellen Erscheinungsformen steht, zu erfassen und erklärbar zu machen.

Beim Anliegen der individuellen Charakterisierung steht die Beleuchtung des zugrundeliegenden Gefüges von Gestaltungsprinzipien (Coseriu 1972:120) im Vordergrund. Solche Erklärungsmöglichkeiten machte sich bisher die typologische Forschung nicht genügend zunutze.

Das Rasterprinzip der herkömmlichen Typologie mit seinen apriorischen Etikettierungen stört, nach Sasse (1988:3) die Erfassung dieser funktionalen Gesamtzusammenhänge, da es "auf einer viel zu niedrigen und konkreten Ebene von 'Gleichartigkeit' ausgeht".

Der von Sasse anhand des Befundes der irokesischen Sprachen beschriebene "immanenttypologische" Ansatz versucht die typologische Charakterisierung einer Einzelsprache (oder einer Gruppe nahverwandter Sprachen) als exemplarischen Vertreter eines Typs. Er steht damit auch in einer langen Tradition, die etwa mit den Namen von Humboldt, Finck, Lewy und Coseriu verbunden ist.

Der typologische Habitus, wie er hier verstanden wird, ist auf einer höheren Ebene angesiedelt als die Grammatik. Er liefert die Motivation für deren Einzelerscheinungen, das verknüpfende Band, das fundamentale Bauprinzip der Sprache (ist also eine funktionale Größe), in dessen Dienst die grammatischen Einzelerscheinungen, manifestiert in disparaten Phänomenen, stehen.

Sasse 1988 arbeitet das methodische Vorgehen am Beispiel des "irokesischen Sprachtyps" heraus. Die im Gegensatz zur quantitativ arbeitenden Rastertypologie stehende immanenttypologische Analyse erfolgt für jede Einzelsprache gesondert und setzt auch jeweils an einer anderen Stelle an. Von der Form zur Funktion fortschreitend (*einer* Form entspricht nur *eine* Grundfunktion) wird induktiv das Grundprinzip ermittelt, das für die funktionale Kohärenz der grammatischen Einzelphänomene verantwortlich ist. Neues kann unter Bezugnahme auf Bekanntes definiert werden. Durch die Konfrontation des Befundes mit den geläufigen Termini kann im Rückkopplungsverfahren Altbekanntes neu durchdacht werden, und die Terminologie weiterentwickelt werden.

Der Eigencharakter einer Sprache ist grundsätzlich von fundamentalen Prinzipien abhängig, die ihren funktionalen Gesamtzusammenhang bestimmen. In Konfrontation mit ähnlichen Erscheinungen in anderen Sprachen läßt sich die individuelle Ausprägung solcher Prinzipien erkennen und daraus ein Erklärungsmodell für das Zusammenspiel grammatischer Einzelphänomene ableiten.

So läßt sich etwa der irokesische Sprachbau typologisch charakterisieren nach folgenden funktionalen Gesichtspunkten (Einzelheiten bei Sasse 1988): Hier herrscht eine verbale Orientierung vor. Der grammatische Aufbau läßt sich aus dem wechselseitigen Verhältnis zwischen einem mit grundsätzlich zweistelligen Prädikaten operierenden Lexikon und einer nichtphrasalen Syntax erklären. Es ist schade, daß die Typologisierung nach solchen funktionalen Grundprinzipien, die den sprachlichen Erscheinungen zugrunde liegen – im Gegensatz zum quantitativen ein qualitativer Ansatz –, bisher auf dem Gebiet der Indianersprachen ansonsten noch von niemandem versucht worden ist.
Hier ließen sich höchst interessante Einblicke erzielen, die unser Verständnis für diese Sprachen enorm erweitern würden.

8.6. Typologische Klassifikation als synchrone Klassifikation: Typologie und genetische Sprachwissenschaft

Grundsätzlich ist die typologische Klassifikation eine synchronische Klassifikation im Gegensatz zu den diachronischen Klassifikationsarten, der genetischen und der arealtypologischen Klassifikation. Sie berücksichtigt in der Regel weder die historische Herkunft der untersuchten Sprachen noch deren jetzige oder frühere geographische Verbreitung. Vielmehr faßt sie bisher in den meisten Fällen Sprachen im Hinblick auf feststellbare strukturelle Isomorphien zu Sprachtypen zusammen.

Diese typologischen Züge einer Sprache können sich im Laufe der Zeit verändern oder ganz verloren gehen, wie jeder andere Aspekt der Sprache.

"Dies bedeutet, daß es keinen zwingenden Zusammenhang zwischen Sprachtypus und historischer Herkunft gibt...Der Versuch, von struktureller Isomorphie einfach auf genealogische Klassifizierbarkeit zu schließen (wie dies zuweilen früher, z.B. auf dem Gebiet der...amerikanischen-indischen (sic!) Linguistik getan wurde) oder mit Hilfe jener tiefer in die Vorgeschichte einer Sprache vorzudringen, als mit Mitteln der Rekonstruktion zu erreichen ist, entbehren daher jeder Rechtfertigung" (Bynon 1981:253)

Insofern ist der typologische Vergleich eher interessant für die allgemeine Sprachwissenschaft, weniger für Ethnologen, Historiker und Soziologen. Ebenso wie es möglich ist, zwischen zwei beliebigen Sprachen (Asiens, Afrikas, Europas, Australiens, Amerikas) typologische Übereinstimmungen zu finden, ist dies auch der Fall innerhalb der amerikanischen Indianersprachen, ohne daß diese Tatsache auf einen historischen Zusammenhang – sei dieser nun genetischer oder diffusionaler Art – zurückzuführen sein muß. Es wird sich hauptsächlich um für die allgemeine Sprachwissenschaft interessante konvergente Entwicklungen handeln.

Der typologische Ansatz ist grundsätzlich autonom. Manche Forscher wollen ihn jedoch in Verbindung zum genetischen Ansatz sehen. Der Typus, dem eine Sprache angehört (oder die jeweils in ihr vertretenen einzelnen typologischen Züge) kann nicht ausschlaggebend als Beweis für genetische Verwandtschaft (mit einer anderen Sprache von gleichem oder ähnlichem Typus) herangezogen werden. Dies wäre nur der Fall, wenn der Typus stabiler wäre als etwa das Lexikon, wie etwa Tovar und Faust (1976:245) meinen. Der Typus ist aber sehr unstabil. Dies belegen zahlreiche Beobachtungen, so etwa der Befund des Englischen.

Obwohl einer ihrer Aspekte eben Sprachvergleich und Klassifikation ist, stellt die Typologie eine Abstraktion von historischen Aspekten dar (Greenberg 1973:149). Rekonstruktionen sollten auf Empirie basieren (Doerfer 1973:14) und sprachgerecht und in Übereinstimmung mit allgemeinen phonetischen Entwicklungstendenzen formuliert werden. Die rekonstruierende Linguistik sollte aber keine Rücksicht auf typologische Erkenntnisse nehmen (vgl. dazu 5.1.4. oben), sondern stets autonom vorgehen.

Anmerkungen

1   Die beiden Forscher werden bei Key ohne nähere Angaben zur Person (oder zu eventuellen Veröffentlichungen zu diesem Thema) erwähnt.

2   Andererseits war Newman auch Experte in Salish-Sprachen. Trotzdem ist ihm ein enger Zusammenhang zwischen Penutian und Salishan offensichtlich entgangen. Einige wenige Zuni-Salishan-Parallelen sollen hier kurz erwähnt werden (Details bei Liedtke 1988, unveröff.): Z. łik?-, S. ł'iq'^{w}, łiq'- "smoke", Z. tew- "sunrise", "brightness", S. taw? "light; bright" Z. k?ey- "thirsty", S. k'ay? "dry", Z. c?ik^{w}k^{w}a "skin, bark peel", S. c'iq^w "skin, bark", Z. k?^{w}i, S. -q^{w}i- "dark, black", Z. łito "to rain", S. łat', łit', łit "splash, sprinkle, drop, wet", Z. łino "blow the nose", łeno "give a snort", S. łn-, łin- "sob, snuff back snot"; Vgl. auch Zuni-Wakashan Z. mok^{w}k^{w}i, W. mq^w, mq'^{w} "onion", Z. yaččú "kick, step on", W. yac- "kick, step", etc.

3   Vergleiche dazu auch das von der "Völkerkundlichen Arbeitsgemeinschaft" in Nortorf herausgegebene Manuskript von Roland B. Dixon: "Zoque und Xinca compared with Penutian", mit einer ausführlichen Einleitung von Karl-Heinz Gursky (Abhandlungen der Völkerkundlichen Arbeitsgemeinschaft, Heft 20, Nortorf 1969): Dort S. 12. Da diese Veröffentlichungen nur schwer erhältlich sind, hier die Bezugsadresse: Uwe Johannsen, 2353 Nortorf, Postfach 1142.

4   So hat sich die von Sapir vorgeschlagene Verbindung zwischen den Algonkin- und den Ritwan-Sprachen (1913) als zutreffend erwiesen (Goddard 1975). Zu den neueren Veröffentlichungen, die diese Verwandtschaft etablieren, gehört vor allem Berman (1984).
Zur Zusammengehörigkeit von Haida und Tlingit-Eyak-Athabaskisch s. Pinnow (1985). Dagegen sind die Verbindungen Tonkawa-Hokan, Aztec-Tanoan und die Einordnung von Zuni abzulehnen.

5   Nachfolgend einige Wortvergleiche zwischen Tsimshian und verschiedenen Penuti-Sprachen, die ich zufällig beobachtet habe:
Tsim. p'ił (tr.) "to peel": Wintu p'ir "to skin (an animal)", Tsim. c'al, c'el "eye, face": Takelma c'el- "eye", Wintu c'el- "face", Tsim. wuk?aw "to dig, scoop up", Tsim. gwin-: Zuni -k^{w}in "toward", Tsim. lu-, lo·-: Zuni -lo- "in, inside", Tsim. hu·t^h, daneben die ältere Form húwat^h "to escape": Miwok N.S. huwat-ku- "to run (a horse, caus.), make sth. run", huwa·tï· "to run fast" Tsim. ha·t^h "brother (address, fem. speaker; archaic)": Alsea ha?t "older brother", Tsim. ya·k^h, ?ya·k^h "earthquake": Miwok S.S. yak-ak-ak- "be shaky, have the shakes", Maya Toj. yak' "to shake".

6   Es dürfte sich um einen lateralen Spiranten bzw. Frikativ gehandelt haben (vgl. Goddard in Campbell & Mithun 1979:73). Eine der Wurzeln, die diesen Laut aufweisen, ist Proto-Algonkin *o•Θ-, medial -oΘ- "canoe". Reflexe in den Tochtersprachen sind z. B. Menomini o•s (pl. o•n-an), -on-ak, Cree ot-ak (-ak = "long thing"), Micmac -ul-, Malecite -ól "canoe". Proto-Algonkin *o geht auf *we zurück (Goddard in Campbell & Mithun 1979:75).
Der sich daraus ergebende Ansatz *weł führt uns zur Etymologie dieses Wortes. Meines Wissens hat noch niemand daran gedacht, diese Wurzel mit Proto-Salish *wił "hollow object; belly; abdomen; container; canoe" zu vergleichen. Die semantische Seite macht keine Schwierigkeiten, vgl. Haida -?in "on/by means of a boat", Tlingit ?iin "carry in/pick into a container". Für die Entsprechung Algonkin e / Salishan i gibt es zumindest eine weitere Parallele: Algonkin *nek-, Salishan Squamish nik^w "shake".
Salish-Entsprechungen sind Squamish -wił, -uł "canoe, container, belly, bowels", Cœur d'Alene -g^{w}il (g^w normal aus w, vgl. Thompson in Campbell & Mithun 1979:717, 719) "canoe, hollow object, abdomen", Columbian - wíł "canoe, container", Upper Chehalis - ot "canoe", Shuswap -wł "container", wl "belly".
Vgl. dazu noch, aus der Penutian-Gruppe, Quechua (Boliv.) wil-q'a, wil-qhi "abdomen", wir-k'i, wir-khi "container", "Krug mit großer Öffnung" (Zur Segmentierung vgl. Anmerkung 21).

7   Vgl. z.B. die Literaturübersicht in Lepschy, Guilio C., 1966: Die strukturale Sprachwissenschaft. Eine Einführung. München: Nymphenburger. 1966:230, sowie Hymes (1960:34–4).

8 Berlandier, Jean Louis & Rafael Chowell:
1828–1829 [Vocabulairies of Languages of South Texas and the Lower Rio Grande] Additional Manuscripts no.38720, in the British Library, London: vgl.Goddard 1979:358, 385).

9 Feldforschung in Oklahoma 1928 (veröffentlicht ab 1933, vgl. Goddard 1979:358, 387).

10 "In the following list numbers 13 are identical, ns. 46 show syncope or contraction in [ewa] and [awa] sequences,...":

No		Chowell (1829)	Hoijer (1928)
(01)	tongue	netjal	netxal
(02)	arrow	sajae	sax'ay
(03)	cloth	saaju	c'ax^w
(04)	leg	yaqueguan [yakewan]	yak^{w}an (yakawa- to kick)
(05)	man	aaqueguan [a?akewan]	ha•?ako•n
			(ha•?akewa- to copulate)
(06)	feather	eeiyaguan [e?eyawan]	?e?eyo·n feathers; work
			(?e?eyawa- to work)

11 Goddard 1979:362: "It is remarkable that so many basic words were replaced between Chowell's time and Hoijer's...":

(07)	tooth	go-oyan	hentaycan (hentayca- to chew)
(08)	tree	Cheiejeu	heylapan (heylapa- to stand up)
(09)	hand	cheque	nonoto·n (nonotawa to touch [repeatedly] with hand or fingers)
(10)	foot	enaiyón	na·tan (nata-to step on)
(11)	nose	enochan	yam'acxan (yam'ac xa- to sneeze)
(12)	eye	atche	nemtan (nemta- to close the eyes)
(13)	beard	guagate	kal?ok (kala mouth, ?ok hair)
(14)	bear	ocajau	nencopan (nencopa to dip meat in grease and eat it)
(15)	wagon	nechnojoon	ka·lwan (<wheel< < *gambling hoop < ka·lwe to gamble)
(16)	water	nathan	?a·x (loanword ?)
(17)	house	cooch	na·ho·n (na·hewe to build a house)
(18)	bullet, lead	sajeutopchó	sax'ayka·nos (sax'ay arrowhead, ka·nos < Mexicanos "Mexican")

12 (Vgl. Goddard 1979:386): "Tonkawa field notes, collected at Fort Griffin, Texas, 1884. SI NAA MS no. 100".

13 Das erste Wort ist neshawnan, wörtlich "the one who is made to carry a burden" (Hoijer 1949, Nr. 947:585). ?ekwan(e)sxa(w) ist, nach Goddard, offensichtlich als ?ekwanhesxa(w) "dog for riding" (Hoijer 1949, Nr. 45.2., 44, 993 und 739) zu interpretieren.

14 Goddard (1979:363) weist nur auf Thalbitzers Beispiel aus Ostgrönland hin (s. 5.3.6.2.) und ansonsten auf ein Beispiel aus Australien (Dixon 1972:331).

15 Elmendorf 1951:205.

Weitere Aspekte dieses Problems s. Elmendorf 1970: Word Taboo and Change Rates: Tests of a Hypothesis, in: Languages and Culture of Western North America: Essays in Honor of Sven S. Liljeblad, ed. Earl H. Swanson, Jr., pp. 7485. Pocatello: Idaho State University

16 Woher letztere kommen, ist unklar. Sie können genuines Kuna sein, aber auch auf Sprachkontakte zurückzuführen sein. Immerhin gibt es in den entfernt verwandten Sprachen der Sumu und Ulwa in Honduras und Nicaragua ein Wort für "sehen", tal, das mit KunaSD tala "Auge" zusammenhängen kann.

17 Zu Callawaya: von den Sprechern für geheimen Gebrauch bewahrt. Über diese Sprache Informationen zu sammeln, ist naturgemäß sehr schwierig (vgl. auch Key 1979:47).

[18] Zu Hopi: "it may fall victim to purist stigmatization and be replaced by English, leaving Hopi alive only in the ritual contexts...".

Zu Yaqui: "The language is lost first in the contexts of domestic intimacy and last in the most elevated ritual routines."

Zu Nahuatl: "Nahuatl retreats into the private, domestic sphere." (Hill 1983:269–70).

[19] Auch im Folgenden gilt: Quellen für Kuna sind Holmer (1952), Sherzer (1983), für Atakapa Gatschet & Swanton (1932), Nisenan Uldall & Shipley (1966), Lake Miwok Callaghan (1965), Tarasco Friedrich (1971), Tojolabal Furbee-Losee (1976), für Maidu Shipley (1963), für Tarasco und Quechua siehe Anmerkung 20.

[20] Das Material der Quechua-Varietäten stammt aus Parker 1969a, 1969b, Adelaar 1977, Bills/Vallejo/Troike 1969, Middendorf 1890, 1892, Cole 1982 und Mugica (o.J.). Das Material der Tarasco-Dialekte stammt aus Friedrich (1971), Foster (1969), Velásquez Gallardo (1978), Bouda (1963). In diesen Quellen steht auch Näheres zur Segmentierung, die für das sehr durchsichtig gebaute Tarasco klar gesichert ist.

[21] Vgl. Anmerkung 20 zu den Quellen. Zur Segmentierung: Die Vokale der zweiten Silben wurden vom Verfasser abgetrennt und nicht zum Stamm gerechnet, wofür interne Tatsachen sowohl des Tarasco als auch der Quechua-Varietäten sprechen (Foster 1969:155). Für Quechua vgl. Fälle wie wata "binden", watu "Band" usw., die sehr zahlreich sind.

Zur Abtrennung der Wortbildungselemente, die synchron nicht mehr produktiv sind: Foster 1969:89. Bei Parker 1969b:126. Hier stehen z.B. nebeneinander (mit engverwandten Bedeutungen zum Stamm *law-)Taw-sa, law-a, law-q'a, law-t'i, law-sa, law-ta und law-ti, ohne daß man die Bedeutung dieser zweiten Elemente angeben könnte.

Ideophone (Nr. 49 der Liste) bilden eine eigene Wortklasse, deren Mitglieder im Gegensatz zu den üblichen onomatopoetischen Bildungen grammatikalisiert sind.

Grundsätzliches zu einigen Fällen in der Liste, bei denen es sich um Fälle aus dem ikonischen Bereich des Wortschatzes handeln könnte: Langdon (1979:639) stellt zu Vergleichen von Wörtern, bei denen Lautimitation eine Rolle spielt, fest "...it does not necessarily invalidate the possibility of these forms to be cognate". Allerdings gilt natürlich: Je mehr deskriptives Material bei einem Verwandtschaftsbeweis herangezogen wird, desto größer ist die Chance, daß Zufallsähnlichkeit vorliegt. Dies muß unbedingt beachtet werden. Ansonsten wird oft übersehen, daß auch Lautmalerei sprachspezifisch festgelegt und konventionalisiert ist (vgl. engl. to neigh, nhd. wiehern) und genausogut arbiträr ist wie nichtdeskriptives Wortmaterial.

Quechua k wechselt oft mit q (Ayac. uki = oqe, siksi- = siqsi-, ankas = anqas, qayra = kayra, qiču = kiču, qinwa = kiwna usw.), u oft mit o (Ayac. utulu = otolo, upa = opa, puru = poro usw.). Im Anlaut kann sowohl im Tarasco als auch im Quechua k-, kh- (q-) zu Null werden: Tar. kira = ira, karu = aru, kara = ara. Qu. kuru "worm" neben uru "worm, insect", khiwa = qiwa = iwa "fodder" usw.

Tarasco kennt im Gegensatz zum Quechua keine Laute der q-Reihe und keine glottalisierten Konsonanten.

[22] Das altaische Material, das in dieser Arbeit zitiert wird, stammt aus folgenden Quellen: Poppe, Nikolaus, 1960: Vergleichende Grammatik der altaischen Sprachen, Teil 1: Vergleichende Lautlehre. Wiesbaden, sowie aus Ramstedt, Gustav J., 1949 Studies in Korean Etymology. Mémoires de la Société Finno-ougrienne XCV. Helsinki.

[23] Vgl. Hirschberg & Janata: "Sehnen bieten sich wegen ihrer großen Reißfestigkeit und Elastizität als Näh- und Bindematerialien an..." (1980:38).
Deshalb könnte auch Zuni pikła "to be sewed" (Newman 1958:34) zu Yokuts pikil "Sehne" gehören (Newman 1964:9), zumal eine Segmentierung pik-ła durch ähnliche, zwar unerklärte, aber gesichert erscheinende Segmentierungen gestützt wird (sik-łi, pok-łi, c'up-łi usw., Newman 1958:35, 37, 48).

Derartige "Wagnisse" sind immer als solche im Auge zu behalten, aber sie sind gerechtfertigt dadurch, daß wir alles versuchen müssen, die fehlenden historischen Quellen durch interne Rekonstruktion und semantische Ansätze wie hier zu kompensieren. Wir sind in unserem Forschungsbereich auf eine "trial-and-error"-Vorgehensweise angewiesen. Eine gewagte, aber fundierte fundierte Argumentation ist allemal dem "blinden" Vergleich vorzuziehen, der auf interne Auffälligkeiten und semantische Besonderheiten keine Rücksicht nimmt.

24 Ayac. sirka findet sich nur in Hartmann (1985), nicht in Parker (1969a).

25 Quelle für das samojedische Material ist Janhunen, Juha, 1977: Samojedischer Wortschatz. Gemeinsamojedische Etymologien. Castrenianumin toimitteita 17. Helsinki. Hier: S. 81.

26 Das Material für die verschiedenen Miwok-Varietäten stammt aus Callaghan 1965, Freeland & Broadbent 1960.

27 Vgl. z.B. Crawford 344: Yuchi y'o "Spinne" und yoda "Biene", falls sie zusammengehören, müßte yoda eine Ableitung von y'o "Spinne" sein, was mit Atakapa ion "stechen" semantisch nicht zusammengeht. Yuchi -da bleibt ungeklärt.

Crawford 346: Yuchi p'ate "Pferd": Auch wenn es analog zu Tunica sát'e "Pferd", yát'e "Elch" (aus sá "Hund", yá "Hirsch" + t'e "augmentative") segmentiert werden könnte, bleibt Herkunft und Bedeutung unklar.

28 Campbell (1973) lehnt beispielweise aus phonologischen Gründen den Vergleich zwischen folgendem lexikalischen Material (Reihenfolge: Chipaya/Proto-Maya bzw. Maya-Varietäten) ab: moq "to knot"/PM *moq' "knot"; ohk "to go, walk"/PM *oq "foot, leg"; ahk "to take to pasture"/Tze., Yuc. ak "pasturing"; qhay "buy"/PM *k'ay "sell"; quš "heart, will"/PM *k'uš "heart, will"; čhuht(u) "small, undersized" PM *č'ut "small, undersized, short". Und dies obwohl sowohl ein Wechsel q~k als auch ein Wechsel zwischen glottalisierten und nicht-glottalisierten Konsonanten in verschiedensten Maya-Varietäten (sowohl intern als auch extern!) belegt ist. Eine kleine Auswahl: Hua. mak' /mak "close up, close in", (vgl. oben Hua. ak', das Campbell von Tze., Yuc. ak trennt!); Toj. k'um "curve" /kum "curve of a flat thin object"; Teco ču.l "pour out" (č'ul wäre zu erwarten), Qui. col "leak, drip"/Tze. č'ol "pouring", Chon č'ul "drops".
Yuc. p'ul "Füllung eines Tonkruges"/Qui. pul "draw water, fill, spill; to water", Teco pu'l "dip out water"; Qui. und Toj. muk "bury", aber Qui. saq/Toj. sak "white"; Qui. kot "round up, surround, twist, coil up, curl up" ~ qot "bend, twist, snake along, twist around, roll"; pok "dust, sand" ~ puq "very soft powder, dust"; Jac. q'os "hunchbacked, bent"/Tze. koš "to bend, bent". In einigen Fällen sind diese Schwankungen klar erkennbar motiviert durch semantische Nuancierung.

Nicht nur bei Crawford und Davis, auch in Campbells Material finden sich nur z.T. regelmäßige Entsprechungen, ansonsten sind bei Konsonanten wie Vokalen unerklärte Schwankungen zu konstatieren. Vgl. in der Reihenfolge (Proto-) Jicaque/Tequistlatec: *(p)ip ih/-abi, *pilik/aš-pela; Einerseits pineh/ifungi, andererseits *p e/-fuh; polok/-biɬ?-, wele/-balay-. Auch völlig unerklärte angebliche Korrespondenzen, die keinerlei Regelmäßigkeit zeigen, finden sich: z.B. setel/gicala?.

29 "The reconstructed genetic groups will have reduced (sic) to narrower cones and finally mere lines of descent, which, even if they head toward a seeming point of meeting, occupy so little of the total area of speech then existing, that probability will be only infinitesimally small that the vanishing point or points will be near any historical actuality" (Kroeber 1960:171).

30 Dies kommt bereits im Titel von Kroebers Werk "Cultural and Natural Areas of Native North America" (1939) zum Ausdruck.

31 Für den südamerikanischen Bereich fehlen Arealstudien (nach Büttner 1983:14).

32 Für Paya und Jicaque ist das vorhandene Material zu gering.

33 Zur Definition von "Lehnwort" vgl. Whorf (1947:501): "A loanword may be defined as a word that at some past time was first used in the context with other words of a given language, having never before been used in context with these words, for the reason that the users had heard and understood its meaning in a different language, in which it was in context with words of that language."

34 Zumal solche "ringers" nicht nur aufgrund von jeweils unterschiedlichen phonologischen Entwicklungen der eventuell verwandten Sprachen zustandekommen bzw. zahlreich oder selten sind. Auch ein "Tonkawa-Pattern" (wie wir es in 5.3.6.2. und Anmerkung 14 und 15 kennengelernt haben) ist in manchen dieser Fälle denkbar. Worum es sich handelt, läßt sich nur im Einzelfall entscheiden.

Bibliographie

ADELAAR, WILLEM F.H. 1977. *Tarma Quechua*. Lisse: Peter de Ridder Press.

–.1989. Review of Greenberg 1987. In: *Lingua* 78:249-55. Amsterdam.

ALTMANN, G. & LEHFELDT, W. 1973. *Allgemeine Sprachtypologie - Prinzipien und Meßverfahren*. München, Fink.

ANTTILA, RAIMO. 1972. *An Introduction to Historical and Comparative Linguistics*. New York: Macmillan.

ARGUEDAS, JOSE M. 1953. *Folklore del Valle del Mantaro - Cuentos mágico-realistas y canciones de fiestas tradicionales*. In: Folklore Americano I/1, Lima.

BALBI, ADRIEN. 1826a. *Atlas ethnographique du Globe, au classification des peuples anciens et modernes d'après leur langues précédé d'un discours sur l'utilité et l'importance de l'étude des langues...*Paris: Rey et Gravier.

–.1826b. *Introduction à l'Atlas ethnographique*. Paris: Rey et Gravier.

BARRET, SAMUEL A. 1917. The Washo Indians. *Bulletin of the Public Museum of the City of Milwaukee*. 2/1:1-52. Milwaukee.

BARRET, SAMUEL A. & EDWARD W. GIFFORD. 1933. Miwok Material Culture. *Bulletin of the Public Museum of the City of Milwaukee* 2/4.

BARTHOLOMEW, DORIS A. 1969. Review Article: Hymes, Dell H. & William E. Bittle (eds.). In: *Lingua* 23, 1969. 66-86.

BENVENISTE, EMILE. 1966. Problémes de linguistique générale. Paris: Gallimard.

BERLANDIER, JEAN L. & RAFAEL CHOWELL. 1828-1829. *Vocabularies of Languages of South Texas and the Lower Rio Grande*. Additional Manuscripts No. 38720 (in the British Library, London).

BERMAN, HOWARD. 1984. Proto-Algonquian-Ritwan Verbal Roots. *IJAL* 50/3:335-42.

BILLS, GARLAND D., BERNARDO VALLEJO C., RUDOLPH C. TROIKE. 1969. *An Introduction to Spoken Bolivian Quechua*. Austin: University of Texas Press.

BLOOMFIELD, LEONARD. 1925. On the Sound-System of Central Algonquian. *Lg*. 1: 130-56.

BLOOMFIELD, LEONARD. 1946. Algonquian. In: *Linguistic Structures of Native America. Viking Fund Publications in Anthropology* 6:85-129.

BOAS, FRANZ. 1889. The Indians of British Columbia. *Proceedings and Transactions of the Royal Society of Canada for the year 1888.* 6 (section 2). 47-57.

–.1906. Some philological aspects of anthropological research. *Science* 23:641-5. Reprinted: The shaping of American anthropology 1883-1911:a Franz Boas reader, ed. by Georg Stocking, Jr, 183-8. New York: Basic Books, Inc. (1974).

–.1911. Introduction. Handbook of American Indian Languages. *Bulletin 40*, part I, *Bureau of American Ethnology*, 1-83. Washington, D.C.: Government Printing Office.

–.1917. Introduction. *International Journal of American Linguistics.* Reprinted: Race, Language, and Culture, 199-210. New York: The Free Press (1940).

–.1920. The classification of American languages. *AmA* 22:367-76.

–.1974. s. Boas 1906.

BOUDA, KARL. 1963. Tarasco, die Sprache der Purepeča. *Orbis* 12: 499-536. Louvain.

–.1973. Zapotekische Studien. *Orbis* 22:188-200. Louvain.

BRETTSCHNEIDER, GUNTER. Sprachtypologie und linguistische Universalienforschung. *Studium Linguistik* 8/9, 1980. Königstein/Taunus.

BRIGHT, WILLIAM. 1984. *American Indian Linguistics and Literature.* Amsterdam: Mouton.

BRINTON, DANIEL G. 1891. *The American race: a linguistic classification and ethnographic description of the native tribes of North and South America.* Philadelphia: David McKay.

BROADBENT, SYLVIA M. 1964. The Southern Sierra Miwok Language. *UCPL* 38. Berkeley and Los Angeles: University of California Press.

BÜTTNER, THOMAS TH. 1983. *Las lenguas de los Andes Centrales.* Estudios sobre la clasificación genetica, areal y tipológica. Madrid: Magerit.

BUSCHMANN, JOHANN C. E. 1859. Die Spuren der Aztekischen Sprache im nördlichen Mexiko und höheren amerikanischen Norden. *Abhandlungen aus dem Jahr 1854 der königlichen Akademie der Wissenschaften zu Berlin.*

BYNON, THEODORA. 1981. *Historische Linguistik.* München: Beck

CALLAGHAN, CATHERINE A. 1964. Phonemic Borrowing in Lake Miwok. Studies in Californian Linguistics, ed. William Bright. *UCPL* 34:46-53.

–.1965 Lake Miwok Dictionary. *University of California Publications.* Berkeley & Los Angeles.

–.1987. Northern Sierra Miwok Dictionary. *UCPL* 110. Berkeley, University of California Press.

CAMPBELL, LYLE. 1973. Distant Genetic Relationship and the Maya-Chipaya Hypothesis. *AL* 15/3:113-35.

–.1985. *The Pipil Language of El Salvador*. Berlin, New York, Amsterdam: Mouton.

–.1988. Review of Greenberg 1987. In: *Lg.* 64: 591-615.

CAMPBELL, LYLE & TERRENCE KAUFMAN. 1980. On Mesoamerican linguistics. *AmA* 82: 850-7.

CAMPBELL, LYLE & KAUFMAN, TERRENCE & THOMAS C. SMITH-STARK. 1986. Me so-America as a linguistic area. *Lg.* 62/3:530-570. Baltimore.

CAMPBELL, LYLE & MARIANNE MITHUN (EDS.). 1979. *The Languages of Native America*. Austin: University of Texas Press.

CHAFE, WALLACE. 1979. Caddoan. In: Campbell & Mithun (eds.) 1979:213-235.

–.1987. Review of Greenberg 1987. In: *CA* 28: 652-3.

CLASTRES, PIERRE. 1972. *Chronik der Guayaki*. München: Trickster.

COLE, PETER. 1982. Imbabura Quechua. In: *Lingua Descriptive Studies* 5. Amsterdam: North-Holland Publ. Co.

CONRAD, RUDI (HRSG.). 1981. *Kleines Wörterbuch sprachwissenschaftlicher Fachausdrücke*. Leipzig: Dausien.

COSERIU, EUGENIO. 1972. Über die Sprachtypologie Wilhelm von Humboldts. In: Hösle, J./Eitel, W. (Hrsg.): *Beiträge zur vergleichenden Literaturgeschichte*. Festschrift für Kurt Wais zum 65. Geburtstag. Tübingen (Niemeyer), 107-35.

DEDENBACH-SALAZAR SAENZ, SABINE. 1985. Un aporte a la reconstrucción del vocabulario agrícola de la época incaica. *Bonner Amerikanistische Studien* 14. Bonn.

DELANCEY, SCOTT. 1988. Klamath and Wintu pronouns. *IJAL* 53:461-4.

DELANCEY, SCOTT & GENETTI, CAROL & NOEL RUDE. 1988. Some Sahaptian-Klamath-Tsimshianic lexical sets. In: Shipley, ed. 1988, 195-224.

DIEBOLD, RICHARD A., JR. 1960. Determining the centers of dispersal of language groups. *IJAL* 261-11.

DIXON, ROLAND B. & ALFRED L. KROEBER. 1903. The native languages of California. *AmA* 5:21-6.

–.1913. New Linguistic Families in California. *AmA* 15:647-55.

DIXON, R.M.W. 1972. The Dyirbal Language of North Queensland. *Cambridge Studies in Linguistics* 9. Cambridge: University Press.

DOERFER, GERHARD. 1973. Lautgesetz und Zufall. Betrachtungen zum Omnikomparatismus. In: *Innsbrucker Beiträge zur Sprachwissenschaft* (Hrsg. Wolfgang Meid) Bd. 10. Innsbruck: Institut für Vergleichende Sprachwissenschaft der Universität Innsbruck.

DRIVER, HAROLD E. 1961. *Indians of North America*. Chicago.

DRIVER, HAROLD E. & WILLIAM C. MASSEY. 1957. Comparative Studies of North American Indians (= *Transactions of the American Philosophical Society*, 47 (2), Philadelphia.

DUPONCEAU, PETER S. 1819. Report of the corresponding secretary to the Committee, of his progress in the investigation committed to him of the general character and forms of the languages of the American Indians. Read 12th January 1819. *Trans. of the Historical & Literary Committee...*, Vol. I; Philadelphia.

–.1838. *Mémoire sur le système grammaticale des langues de quelques nations indiennes de L'Amerique du Nord*. Paris.

DYEN, ISIDORE. 1964. On the validity of comparative lexico-statistics. *IXth International Congress of Linguistics:* 238-52.

ELLEGARD, A. 1974. (Review of Altmann/Lehfeldt 1973). In: *Kratylos* 19, 11-14.

ELMENDORF, WILLIAM W. 1951. Word Taboo and Lexical Change in Coast Salish. *IJAL* 17:205-8.

EMENAU, MURRAY B. 1956. India as a linguistic area. *Lg* 32:3-16.

–.1962. Bilingualism and structural borrowing. *Proceedings of the American Philosophical Society* 106:430-42.

FINCK, FRANZ N. 1910. *Die Haupttypen des Sprachbaus*. Leipzig: Teubner. Nachdruck: Wissenschaftliche Buchgesellschaft Darmstadt, 1965.

FLEMING, HAROLD C., 1987. Review of Ruhlen 1987. In: *Diachronica* IV: 1/2: 159-223.

FORTESCUE, MICHAEL. 1988. The Eskimo-Aleut-Yukagir relationship. An alternative to the genetic/contact dichotomy. In: *Acta Linguistica Hafniensia* 21/1: 21-50. Copenhagen.

FOSTER, MARY L. 1969. The Tarascan Language. *UCPL* 56. Berkeley & Los Angeles: University of California Press.

FREELAND, LUCY S. & SYLVIA M. BROADBENT. 1960. Central Sierra Miwok Language. *UCPL* 23.

FRIEDRICH, PAUL. 1971. The Tarascan Suffixes of Locative Space: Meanings and Morphotactics. *Language Science Monographs 9*. Indiana University Publications. Ed.: Carl F. Voegelin. The Hague: Mouton.

–.1975. *A Phonology of Tarascan*. Chicago.

FURBEE-LOSEE, LOUANNA. 1976. *The Correct Language: Tojolabal.* A Grammar with Ethnograpic Notes. New York: Garland Publishing.

GABELENTZ, GEORG VON DER. 1891. *Die Sprachwissenschaft. Ihre Aufgaben, Methoden und bisherigen Ergebnisse.* Leipzig: Weigel. Nachdruck: Hrsg. Narr, Gunter und Uwe Petersen. 3. Auflage, Tübingen 1984.

GALLATIN, ALBERT. 1836. A synopsis of the Indian tribes within the United States east of the Rocky Mountains, and in the British and Russian possessions in North Americans. *Archaeologia Americana: Transactions of the American Antiquitation Society* 2: 1-422.

–.1848. Hale's Indians of Northwest America and vocabularies of North America, with an introduction. *Transactions of the American Ethnological Society* 2: xxiii-clxxx, 1-130. New York.

GATSCHET, ALBERT S. 1884. (Tonkawa field notes, collected at Fort Griffen, Texas) *SI NAA MS* no. 1008.

–.1886. (Field notes on Comecrudo and Cotoname, collected at Las Prietas, Tamaulipas.) *SI NAA MS* no. 297.

GATSCHET, ALBERT S. & JOHN R. SWANTON. 1932. A Dictionary of the Atakapa Language. *Smithsonian Institute, Bureau of American Ethnology Bull.* 108, Washington.

GETTYS, MARSHALL & JOE WATKINS. 1983. A Photographic Study of Creek Foodways in the 1920s. In: Thayer 1983: 113-29.

GIRTLER, ROLAND. 1979. *Kulturanthropologie.* dtv, München.

GODDARD, IVES. 1975. Algonquian, Wiyot and Yurok: Proving a Distant Genetic Relationship. In: *Linguistics and Anthropology.* Kinkade, Hale, Werner, eds., 249-62. Lisse: The Peter de Ridder Press.

–. 1979. South Texas and the Lower Rio Grande. In: Campbell & Mithun (eds.) 1979: 355-89.

–.1987. Review of Greenberg 1987. In: *CA* 28: 656-7.

GRACE, GEORG W. 1959. The Position of the Polynesian Languages within the Austronesian (Malayo-Polynesian) Language Family. Indiana University Publications in Anthropology and Linguistics. *Memoir 16 of the IJAL,* Supplement to IJAL XXV 3. Baltimore: Waverly Press 1959

GREENBERG, JOSEPH H. 1953. Historical Linguistics and Unwritten Languages. In: *Anthropology Today,* p.256-86. Ed. by A.L.Kroeber. Chicago.

–.1956. *Essays in Linguistics.* Chicago.

–.1960. A Quantitative Approach to the Morphological Typology of Languages, *IJAL* 26: 178-94.

GREENBERG, JOSEPH H. 1963. Some universals of grammar with particular reference to the order of meaningful elements. *Universals of language* ed. by Joseph H. Greenberg, 58-90. Cambridge, Mass., MIT Press

–.1966. *Languages of Africa*, 2. Aufl., Indiana University Press.

–.1972. Numeral Classifiers and Substantial number: Problems in the Genesis of a Linguistic Type. *Working Papers on Language Universals*, No. 9: 1-39.

–.1973. The typological Method. In: Sebeok (ed.)1973: 149-193.

–. 1979. Rethinking Linguistics diachronically. *Lg.* 55: 275-290.

–.1987. *Language in the Americas*. Stanford, CA: Stanford University Press.

–. 1989. Classification of American Indian languages: A reply to Campbell. *Lg.* 65: 107-114.

GUDSCHINSKY, SARAH C. 1956. The ABC's of Lexicostatistics (Glottochronology). *Word* XII: 175-210.

GURSKY, KARL-HEINZ. 1966. Der augenblickliche Stand der Erforschung der nordamerikanischen Sprachen. *Anthropos* 61: 401-54.

HAAS, MARY R. 1958a. Algonkian-Ritwan: The end of a controversy. *IJAL* 24. 159-73.

–.1958b. A new linguistic relationship in North America: Algonkian and the Gulf languages. *SJA* 14: 231-64.

–.1969. Grammar or Lexikon? The American Indian Side of the Question from Duponceau to Powell. In: *IJAL* 35: 239-56.

–.1976. American Indian Linguistic Prehistory. In: Thomas A. Sebeok, ed., 1976: 23-58.

–.1980. Notes on Karok internal reconstruction. In: Klar, Kathryn, Langdon Margaret & Silver, Shirley (Eds.): *American Indian and Indo-European Studies*. Trends in Linguistics, Studies & Monographs 16. The Hague: Mouton, 1980: 67-76.

HALE, HORATIO. 1883. Indian migrations, as evidenced by language, Part I. The Huron-Cherokee stock. *The American Antiquarian* 5: 18-28.

HAMP, ERIC P. 1975. On Zuni-Penutian Consonants. *IJAL* 41/4: 310-12

–.1977 On some questions of areal linguistics. *BLS* 3: 279-82.

–.1979. A Glance from Here On. In: Campbell & Mithun, pp. 1001-1015.

HARTMANN, ROSWITH (HRSG.). 1985. *"Rimaykullayki"*. Unterrichtsmaterialien zum Quechua Ayacuchano, Peru (zusammengestellt nach Clodoaldo Soto Ruiz "Quechua -Manual de Ensenanza", Lima 1979, und ergänzt von Sabine Dedenbach-Salazar Sáenz, Utta v. Gleich, Roswith Hartmann, Peter Masson, ...). Berlin, Reimer.

HERVAS (Y PANDURO). 1784-87. *Idea dell'universo: che contiene la storia della vita dell'uomo, elimenti cosmografici, viaggio estatico al mondo planetario, e storie de la terra e delle lingue*, 4. vol. (Cesena: Biasini). - Translation: Catálogo de las lenguas de las naciones conocidas, y numeración, division, y clases de estas, según la diversidad de sus idiomas y dialectos, 6 vol. (Madrid: Imprenta de la administración del Real Arbitrio de Beneficencia - Librería de Ranz 1800-5).

HILL, JANE H. 1983. Language Death in Uto-Aztecan. *IJAL* 49,3: 258-76.

HIRSCHBERG, WALTER & ALFRED JANATA. 1980. *Technologie und Ergologie in der Völkerkunde*, Bd. 1 (Zweite und verbesserte Auflage). Berlin: Reimer.

HOCKETT, CHARLES F. 1948. Implications of Bloomfield's Algonquian Studies. *Lg.* 24: 117-131.

–.1957. The Terminology of Historical Linguistics. *SIL* 12: 57-63.

HOIJER, HARRY. 1941. Methods in the classification of American Indian languages. *Language, culture and personality*, ed. by Leslie Spier et. al., 3-14. Menasha, Wisconsin, Sapir Memorial Publication Fund.

–.1948. Linguistic and cultural change. In: *Lg* 24: 335-45.

–.1951. Some problems of American Indian research. *Papers from the Symposium on American Indian Linguistics 1951*. University of California Press, Berkeley & Los Angeles. 3-12.

–.1956. Lexicostatistics: A critique. In *Lg* 32: 49-60.

–.1976. History of American Indian Linguistics. In: Thomas A. Sebeok (ed.) 1976. Vol. I, 3-22.

–.1949. An Analytical Dictionary of the Tonkawa Language. *UCPL* 5/1: 1-74. Berkeley & Los Angeles: University of California Press.

–.1954. Some Problems of American Indian Research. In: *Papers from the Symposium on American Indian Linguistics* (Held at Berkeley July 7,1951). Berkeley: University of California Press.

HOLMER, NILS M. 1947. Critical and Comparative Grammar of Cuna Language. In: *Etnologiska Studier* 14.

–.1952. Ethno-Linguistic Cuna Dictionary. In: *Etnologiska Studier* 19.

–.1956. Amerindian Structure Types. In: *Språkliga Bidrag* 2, 6. Lund.

HUMBOLDT, WILHELM VON. 1825. Über das Entstehen der grammatischen Formen, und deren Einfluß auf die Ideenentwicklung. *Abhandlungen der hist.-phil. Klasse*, pp.401-30. Berlin, Königliche Akademie der Wissenschaften.

–.1836. Über die Verschiedenheit des menschlichen Sprachbaues und ihren Einfluss auf die geistige Entwicklung des Menschengeschlechts. Bd. I von "*Über die Kawisprache auf der Insel Java*". Berlin, Königliche Akademie der Wissenschaften. Nachdruck in: Schriften zur Sprachphilosophie, hrsg. v. A. Flitner u. G. Kiel (Werke in Fünf Bänden, Bd. III), 368-756. Stuttgart, Cotta.

HYMES, DELL H. 1955. Positional Analysis of Categories: A Frame for Reconstruction. *Word* 11: 10-23.

–.1956. Na-Dené and Positional Analysis of Categories. AmA 58: 624-38.

–.1956. Review of Papers from the Symposium on American Indian Linguistics. *Lg* 32: 585-602.

–.1959. Genetic Classification: Retrospect and Prospect. In *AnL* 1/2: 50-66.

–.1960. Lexicostatistics so far. In: *Current Anthropology* 1: 3-44.

–.1966. Notes toward a history of linguistic anthropology. In: *AnL* 5/1: 59-103.

–.1968. Linguistic problems in defining the concept of "tribe". *Essays on the problem of tribe*, ed. by June Helm, 23-48. PAES 1967.

HYMES, DELL H. & WILLIAM BITTLE (EDS.) 1967. Studies in Southwestern ethnolinguistics; meaning and history in the languages of the American Southwest. *Studies in General Anthropoloy* 3. The Hague: Mouton 1967.

KAUFMAN, TERRENCE. 1973. Areal linguistics and Middle America. *Current Trends in Linguistics* 11: 459-83. The Hague: Mouton.

–.1977. Areal Linguistics and Middle America. In: Sebeok (ed.) 1977: *Native Languages of the Americas* 2: 63-87.

KELM, ANTJE (ED.). 1968. *Vom Kondor und vom Fuchs*. Hirtenmärchen aus den Bergen Perus. Quechua und Deutsch. Gesammelt von Max Uhle. Berlin.

KEY, MARY R. 1968. *Comparative Tacanan Phonology*. The Hague, Paris: Mouton.

–.1979. The Grouping of South American Indian Languages. *Ars linguistica* 2. Tübingen: Narr.

KINKADE, M. DALE. 1969. Lexical suffixes in Mosan languages. *Paper presented at Annual Meeting of the American Anthropological Association*, November 1969.

KIRCHHOFF, PAUL. 1943. Mesoamerica: Its geographic limits, ethnic composition and cultural characteristics. *Ancient Mesoamerica: Selected readings*, ed. by John A. Graham, pp. 1-14. Palo Alto: Peek.

KLEIN, HARRIET E. MANELIS & LOUISA STARK (EDS.). 1985. *South American Indian Languages.* University of Texas Press, Austin.

KLUGE, FRIEDRICH. 1967. *Etymologisches Wörterbuch der deutschen Sprache.* 20. Auflage, bearbeitet von Walther Mitzka. Berlin: De Gruyter & Co.

KOERNER, STEPHAN. 1975. Classification Theory. In: *Encyclopaedia Britannica.*(The new Enc. Brit. in 30 Vols) (Macropaedia Vol.4) p. 691-4.Chicago.

KROEBER, ALFRED L. 1913. The Determination of Linguistic Relationship. In: *Anthropos* 8: 389-401.

–.1939. Cultural and Natural Areas of Native North America. *UCPAAE* 38.

–.1941. Some Relations of Linguistics and Ethnology. *LG 17: 287-91. Kraus Reprint, New York 1964.*

–.1960. On typological indices I: Ranking of languages. *IJAL* 26: 171-177.

LAMB, SIDNEY M. 1959. Some Proposals for Linguistic Taxonomy. In: *AnL.* 1/2: 33-49.

–. 1964. Linguistic Diversification and Extinction in North America. *PICAm* 35/2: 457-64.

LANDAR, HERBERT. 1977. Historiography of Native Ibero-American Linguistics. In: Sebeok (ed.) 1977: 185-203.

LANGDON, MARGARET. 1971. *Sound Symbolism in Yuman Languages.* In: Studies in American Indian Languages. Sawyer, ed., pp. 149-73. Berkeley & Los Angeles: *UCPL* 65.

–.1974. *Comparative Hokan-Coahuiltecan Studies: A Survey and Appraisal.* Janua Linguarum, Series critica 4. The Hague: Mouton.

LEHMANN, WINFRIED P. 1969. *Einführung in die historische Linguistik.* Heidelberg.

LEVINE, ROBERT D. 1979. Haida and Na-Dene: A new look at the evidence. *IJAL* 45: 157-70.

LEWY, ERNST. 1942 *Der Bau der europäischen Sprachen.* Proceedings of the Royal Irish Academy, Vol. XLVIII, Section C, No. 2. Dublin: Hodges, Figgis & Co.

LIEDTKE, STEFAN. 1988. *Wakashan, Salishan and Penutian: Cognate Sets.* Unpublished Ms. München.

–.1989. Rezension Greenberg 1987. In: *Anthropos* 84, 1/3: 283-5. St. Augustin.

LINDIG, WOLFGANG & MARK MÜNZEL. 1978. *Die Indianer.* München: dtv.

LINNAEUS, CAROLUS. 1758. *Systema naturae.*

LONGACRE, ROBERT E. 1977. Reconstruction of Indigenous Languages. In: *Native Languages of the Americas 2*. Thomas A. Sebeok, ed., pp.99-139. New York: Plenum Press.

MALINOWSKI, BRONISLAW. 1974. Das Problem der Bedeutung in primitiven Sprachen. In: Charles K. Ogden & Ivor A. Richards, Hrsg.: *Die Bedeutung der Bedeutung*. Frankfurt/Main. S. 323-84. [englisch 1923].

MANDELBAUM, DAVID G. (ED.) 1949. *Selected Writings of Edward Sapir in language, culture and personality*. Berkeley & Los Angeles.

MASICA, COLIN P. 1976. *Defining a linguistic area: South Asia*. University of Chicago Press, Chicago.

MASON, J. ALDEN. 1940. The native languages of Middle America. *The Maya and their neighbors*, ed. by C. L. Hay, 52-87. New York: Appleton-Century.

MATISOFF, JAMES A. 1990. On Megalocomparison. *Lg.* 66: 106-120.

MATTESON, ESTHER (ET AL.). 1977. Comparative Studies in Amerindian Linguistics. *Janua Linguarum, Series Practica*, 127.

MAYERS, MARVIN K. 1977. Indigenous Dialectology. In: Sebeok (ed.) 1977: 89-98.

MCQUOWN, NORMAN (ED. OF VOL. 5). 1967. Linguistics. Aus: *Handbook of Middle American Indians*. Robert Wauchope (gen. ed.). Austin: University of Texas Press.

MIDDENDORF, ERNST W. 1890. *Die einheimischen Sprachen Perus 1*. Leipzig: Brockhaus.

-.1892. *Die einheimischen Sprachen Perus 2*. Leipzig: Brockhaus.

MILLER, WICK R. 1984. The Classification of the Uto-Aztecan Languages Based on Lexical Evidence. In: *IJAL* 50/1: 1-24. Chicago: University of Chicago.

MIRAM, HELGA-MARIA. 1983. *Numeral Classifiers im yukatekischen Maya*. Hannover: Verlag für Ethnologie.

MITHUN, MARIANNE. 1983. The Genius of Polysynthesis. In: *North American Indians, Humanistic Perspectives*. James S. Thayer, ed., 1983.

MÜLLER, MAX M. 1870. *Vorlesungen über die Wissenschaft der Sprache*. II. Leipzig. Nachdruck: Hrsg. v. Böttger, C.; Minerva, Frankfurt/Main.

MUGICA, P. CAMILO. (O.J.) *Aprenda el Quichua*. Gramática y Vocabularios. Tercera edición. Cicame (Ecuador).

NEWMAN, STANLEY. 1958. Zuni Dictionary. *IJAL* Vol.24/No.1: Indiana University Research Center in Anthropology, Folklore, and Linguistics, Publication 6. Bloomington.

-.1964. Comparison of Zuni and California Penutian. *IJAL* 30: 1-13.

OLMSTED, DAVID L. 1950. Ethnolinguistics so far. *Studies in Linguistics: Occasional Papers*, 2; First Reprinting 1963. New York.

–.1961a. Lexicostatistics as "Proof" of Genetic Relationship. The Case of "Macro Manguean". *AnL* 3/6: 9-14.

PANOFF, MICHEL & MICHEL PERRIN. 1982. *Taschenwörterbuch der Ethnologie*. 2., verbesserte Auflage. Berlin: Reimer.

PARKER, GARY J. 1969a. *Ayacucho Quechua Grammar and Dictionary*. Janua Linguarum, Series Practica 82. The Hague: Mouton.

–. 1969b. Comparative Quechua Phonology and Grammar II: Proto-Quechua Phonology and Morphology. In: *University of Hawaii Working Papers in Linguistics* 1/2: 123-47.

–. 1973. On the Evidence for Complex Stops in Proto-Quechua. *IJAL* 39: 106-109.

PICKERING, JOHN. 1831. Indian languages of America. *Encyclopaedia Americana*, vol. IV.

PINNOW, HEINZ-JÜRGEN. 1964. *Die nordamerikanischen Indianersprachen*. Ein Überblick über ihren Bau und ihre Besonderheiten. Wiesbaden: Harrassowitz.

–.1969. Entlehnung von Tiernamen im Tsimshian und Na-Dene sowie Grundsätzliches zur Entlehnungsfrage bei Indianersprachen. In: *Zeitschrift für Ethnologie* 94: 82-102. Braunschweig.

–. 1985. Das Haida als Na-Dene-Sprache. Materialien zu den Wortfeldern und zur Komparation des Verbs. I. *Abhandlungen der völkerkundlichen Arbeitsgemeinschaft*, Heft 43. Nortorf.

–. 1987. Rezension Bright 1984. In: *Anthropos* 82: 281-3.

PITKIN, HARVEY. 1985. Wintu Dictionary. *UCPL* Vol.95. Berkeley and Los Angeles: University of California Press.

POWELL, JOHN WESLEY. 1891. Indian Linguistic Families of North America North of Mexico. In: *BAE-Annual Report* 7: 1-142. Washington D.C.: Government Printing Office.

PROULX, PAUL. 1984. Two Models of Algonquian Linguistic Prehistory. *AnL* 26/4: 393-434.

RADIN, PAUL. 1919. The Genetic Relationship of the North American Indian languages. *UCPAAE* 14: 489-502.

REA, JOHN A. 1958. Concerning the Validity of Lexicostatistics. *IJAL* 24: 145-150.

ROBINS, ROBERT H. 1973. The History of Language Classification. In: Sebeok (ed.) 1973: 3-41.

RODRIGUES, ARYON D. 1985. Evidence for Tupi-Carib Relationships. In: Klein & Stark (eds.), 1985: 371-404.

RUHLEN, MERRITT. 1987. *A guide to the Word's languages.* Stanford University Press. Stanford, Cal.

SAFFORD, W.E. 1917. Food Plants and Textiles of Ancient America (*Proc., 2nd Pan-American Scientific Congress,* 1915/16. Washington D.D., 1917.

SAPIR, EDWARD. 1907. Preliminary report on the languages and the mythology of the Upper Chinook. *AmA* 9: 533-44.

–.1911. The problem of noun incorporation in American languages. In: *AmA* 13: 250-82.

–.1913. Wiyot and Yurok, Algonkin languages of California. *AmA* 15: 617-46.

–.1913/14. Southern Paiute and Nahuatl, a study in Uto Aztecan, parts I and II. *Journal de la Société des Américanistes de Paris* 10: 379-425 und 11: 443-88.

–.1915. The Na-Dene languages, a preliminary report. *AmA* 17: 534-58.

–.1916. Time perspective in aboriginal American culture: a study in method. Canada Department of Mines, Geological Survey, Memoir 90, *Anthropological Series* no. 13 Ottawa. Reprint: Mandelbaum (ed.) 1949: 389-462.

–.1917. The position of Yana in the Hokan stock. *UCPAAE* 13: 1-34.

–.1920. The Hokan and Coahuiltecan languages. *IJAL* 1: 280-90.

–.1921a. *Language: An introduction to the study of speech.* New York: Harcourt, Brace and World.

1921B. A bird's-eye view of American languages north of Mexico. *Science* 54: 408.

–.1921c. A Characteristic Penutian Form of Stem. *IJAL* 2: 58-67.

–.1925. The Hokan Affinity of Subtiaba in Nicaragua. In: *AmA* 27/3: 402-35 und *AmA* 27/4: 491-527.

–.1926. A Chinookan Phonetic Law. *IJAL* 4: 105-10.

–.1929. Central and North American Languages. In: *Encyclopaedia Britannica* 5, S.138-41. (Reprinted in Mandelbaum, (ed.) 1949: 169-78). Berkeley and Los Angeles, 1949, S.169-78).

–.1931. The concept of phonetic law as tested in primitiv languages by Leonard Bloomfield. *Method in Social Science,* ed. by Stuart A. Rice, 297-306. Chicago: University of Chicago Press.

SASSE, HANS-JÜRGEN. 1988. Der irokesische Sprachbau. In: *Zeitschrift für Sprachwissenschaft, Bd.7, 173-213*. Göttingen: *Vandenhoeck & Ruprecht. Vorher bereits erschienen als Arbeitspapier Nr. 9 (Neue Folge) des Instituts für Sprachwissenschaft, Universität zu Köln, Nov. 1988*.

SAYCE, ARCHIBALD H. 1879. *Introduction to the Science of Language*. 2 Bände. London: Paul.

SAWYER, JESSE O. (ED.) 1971. Studies in American Indian Languages. *UCPL* 65. Berkeley and Los Angeles: University of California Press.

SCHLEGEL, AUGUST WILHELM VON 1818. *Observations sur le langue et la littérature provencales. Libraire grecque-latine-allemande*, Paris.

SCHLEGEL, CARL WILHELM FRIEDRICH VON. 1808. *Über die Sprache und Weisheit der Indier*. Heidelberg: Mohr und Zimmer.

SCHLEICHER, AUGUST. 1850. *Die Sprachen Europas in systematischer Übersicht*. Bonn: König.

–.1859. Zur Morphologie der Sprache. *Mémoires de l'Académie Impériale des Sciences de St. Pétersbourg*, 7e Série, Tome 1, No. 7.

–.1861/62. *Compendium der vergleichenden Grammatik der Indogermanischen Sprachen*. Weimar.

SEBEOK, THOMAS A. (ED.). 1973. *Current trends in Linguistics*. Vol.11: Diachronic, Areal, and Typological Linguistics. The Hague: Mouton.

–.1976. *Native Languages of the Americas*. Vol.1. New York: Plenum Press.

–.1977. *Native Languages of the Americas*. Vol.2. New York: Plenum Press.

SEEBOLD, ELMAR. 1981. Etymologie. *Eine Einführung am Beispiel der deutschen Sprache*. München: Beck.

SHAFER, ROBERT. 1961B. Tones in Wintu. *AnL* 3/6: 17-30.

SHERZER, JOEL. 1979. *An Areal-Typological Study of American Indian Languages North of Mexico*. Amsterdam: North-Holland Publications.

–.1983. *Kuna Ways of Speaking: an Ethnographic Perspective*. Austin: University of Texas Press.

SHERZER, JOEL & RICHARD BAUMANN. 1972. Areal Studies and Culture History: Language as a Key to the Historical Study of Culture Contact. *SJA* 28: 131-152.

SHIPLEY, WILLIAM F. 1963. Maidu texts and dictionary. *UCPL* 33. Berkeley & Los Angeles: University of California Press.

–. (ed.). 1988. *In Honor of Mary Haas*. From the Haas Festival Conference on Native American Linguistics. Berlin-New York-Amsterdam, Mouton de Gruyter.

STARK, LOUISA R. 1972. Machaj-Juyai: Secret Language of the Callahuayas. *Papers in Andean Linguistics*, pp.199-228.

STEEN, CHARLIE R. 1948. Material Culture of the Langsing Nagas, Northern Burma. *SJA* 4/1: 263-98.

SUAREZ, JORGE A. 1970. Clasificación interna de la familía lingüística Chon. *Anales del instituto de lingüística* 10: 29-59. Mendoza, Argentinia.

–. 1971. A Case of Absolute Synonyms. *IJAL* 37/3. 1971: 192-5.

SWADESH, MORRIS. 1950. Salish Internal Relationship. *IJAL* 17: 205-8.

–.1952. Lexicostatistic dating of prehistoric ethnic contacts. *PAPS* 96: 452-63.

–.1953. Mosan II: Comparative vocabulary. *IJAL* 19: 223-6.

–.1954. Perspectives and Problems of American Indian Comparative Linguistics. *Word* 10: 306-32.

SWADESH, MORRIS. 1955. Chemakum lexicon compared with Quileute. *IJAL* 21: 60-72.

–. 1956. Problems of Long-Range Comparison in Penutian. *Lg.* 32: 17-41.

–. 1960. The Oto-Manguean Hypothesis and Macro-Mixtecan. *IJAL* 26: 79-111.

–.1967a. Lexicostatistic Classification. In: *Handbook of Middle American Indians*, Vol. 5: Linguistics, McQuown (ed.) 1967.

–.1967b. Linguistic Classification in the Southwest. In: Hymes & Bittle (eds.) 1967: 281-309.

–.1971. *The origin and diversification of languages.* Chicago: Aldine - Atherton.

SWANTON, JOHN R. 1940. Linguistic Material from the tribes of Southern Texas and North Eastern Mexico. *BAE Bulletin* 127.

TAYLOR, DOUGLAS & HARVEY C. MOORE. 1948. A Note on Dominican Basketry and its Analogues. *SJA* 4/1: 263-98.

TEETER, KARL. 1964. Algonquian Languages and Genetic Relationship. *Proceedings of the 9th International Congress of Linguists.* Horace G. Hunt, ed., pp. 1026-1033. The Hague: Mouton.

THALBITZER, WILLIAM: 1923. Language and Folklore. In: *The Ammassalik Eskimo: Contributions to the Ethnology of the East Greenland Natives* 2/3: 113-564. Copenhagen.

THAYER, JAMES S. (ED.). 1983. North American Indians: Humanistic Perspectives. In: *Papers in Anthropology* Vol. 24/2. Stephen I. Thompson (gen.ed.) Norman: University of Oklahoma.

THOMASON, SARAH GREY & TERRENCE KAUFMAN. 1988. *Language contact, creolization, and genetic linguistics.* Berkeley: University of California Press.

TOVAR, ANTONIO. 1961. *Catálogo de las lenguas de América del Sur: enumeración, con indicaciones tipológicas, bibliografía, y mapas.* Buenos Aires: Editorial Sudamericana 1961.

TOVAR, ANTONIO UND MANFRED FAUST. 1976. Some Questions regarding Method in the Genetic Classification of South American Indian Languages. *IF* LXXXI: 240-48.

TRAGER, GEORG L. 1945. Review of Map of North American Indian languages, compiled and drawn by C.F. Voegelin & E.W. Voegelin. *IJAL* 11: 186-9.

–.1967. The Tanoan Settlement of the Rio Grande Area: A possible Chronology. In: Hymes & Bittle (eds.) 1976: 335-350.

TRUMBULL, JOHN H. 1876. Indian Languages of America. In: *Johnson's New Universals Cyclopaedia*, 2: 1155-61. New York.

ULDALL, HANS JøRGEN & WILLIAM SHIPLEY. 1966. Nisenan texts and dictionary. *UCPL* 46. Berkeley and Los Angeles: University of California Press.

VELASQUEZ GALLARDO, PABLO. 1978. Diccionario de la lengua phorhepecha. 1. ed. México: *Fondo de cultura economica.*

VOEGELIN, C.F. & F.M. VOEGELIN, 1965. "Classification of American Indian languages." (Languages of the World, native America fascicle 2, section 1.6.). In: *AnL.* 7.7: 121-50.

–.1977. *Classification and Index of the World's Languages.* New York & Oxford: Elsevier.

WALD, LUCIA. 1978. Linguistic Reconstruction and History. In: *Approaches to Language.* McCormack & Wurm, eds., pp.391-99. The Hague: Mouton.

WAUCHOPE, ROBERT (GEN. ED.) 1967. *Handbook of Middle American Indians.* Vol.5 Linguistics (Vol. editor Norman A.McQuown). Austin: University of Texas Press.

WEINREICH, URIEL. 1953. *Languages in Contact. Findings and Problems.* Publications of the Linguistic Circle of New York, No. 1. New York.

WENDT, HEINZ F. (HRSG.). 1961. *Sprachen.* Frankfurt/Main: Fischer.

WHITAKER, THOMAS W. 1948. Lagenaria: A Pre-Columbian Cultivated Plant in the Americas. *SJA* 4: 49-68.

WHITING, A. F. 1939. Ethnobotany of the Hopi. *Bull., Museum of Northern Arizona*, no. 15.

WHITNEY, WILLIAM D. 1870. *Language and the study of language.* New York: Scribner.

WHORF, BENJAMIN L. 1933. The Phonetic Value of Certain Characters in Maya Writing. *Papers of the Peabody Museum of American Archeology & Ethnology*. Harvard University, Vol. XIII, No. 2. Cambridge, Mass. Kraus Reprint, New York 1975.

–.1935. The Comparative Linguistics of Uto-Aztecan. *AmA* 37: 600-8.

–.1947. Loan-Words in Ancient Mexico. In: *Studies in Linguistics*, Vol. 5, No. 3: 49-64. Buffalo, N.Y.

WHORF, BENJAMIN L. & GEORG L. TRAGER. 1937. The Relationship of Uto-Aztecan & Tanoan. *AmA* 39: 609-24.

WISSLER, CLARK. 1917. *The American Indian*. New York (3rd ed.), Peter Smith.

WRIGHT, MURIEL. 1951. *A Guide to the Indian Tribes of Oklahoma*. Norman: University of Oklahoma Press.

WUNDT, WILHELM M. 1900. *Völkerpsychologie*. II. Die Sprache. Leipzig: Engelmann. Nachdruck der 3. Auflage 1911 in: Scientia Bd. 1: Die Sprache, Teil 1., 1975. Nachdruck der 3. Auflage 1912 in: Scientia Bd. 2: Die Sprache, Teil 2. 1975.

Index

A

B

C

D

E

K

L

M

Q

R

S

X

Y

Z